XIAOXUE SHUXUE

小学数学生态课堂构建探究

林秋灵 著

东北大学出版社

·沈 阳·

图书在版编目（CIP）数据

小学数学生态课堂构建探究 / 林秋灵著 . -- 沈阳：

东北大学出版社 , 2024 . 8 -- ISBN 978-7-5517-3577-3

Ⅰ . G623.502

中国国家版本馆 CIP 数据核字第 2024GW3884 号

出 版 者：东北大学出版社

地址：沈阳市和平区文化路三号巷 11 号

邮编：110819

电话：024-83683655（总编室）

024-83687331（营销部）

网址：http://press.neu.edu.cn

印 刷 者：辽宁一诺广告印务有限公司

发 行 者：东北大学出版社

幅面尺寸：170 mm × 240 mm

印 张：15.5

字 数：222 千字

出版时间：2024 年 8 月第 1 版

印刷时间：2024 年 8 月第 1 次印刷

责任编辑：王 旭

责任校对：杨世剑

封面设计：潘正一

责任出版：初 茗

ISBN 978-7-5517-3577-3 定 价：65.00 元

序

如何构建一个充满生机和活力的生态课堂，使学生在生态学习中发展数学学科核心素养，成为教育工作者亟待解决的问题。

本书旨在对这一问题进行深入探索与解答。林秋灵老师以丰富的教育实践经验和对教育理论的深刻洞察，为我们呈现出充满活力、富有创造力的数学生态课堂。

生态课堂，作为一种新兴的教育理念，强调课堂环境的和谐共生、师生关系的平等互动、教学内容的丰富多样，以及学习方式的自主灵动。在生态课堂中，学生不再是被动接受知识的"容器"，而是成为乐于思考、勤于探索、善于合作、勇于质疑、敢于创新的主体。教师扮演着引导者和支持者的角色，与学生共同构建轻松愉悦的生态学习环境。在生态课堂中，学生不仅可以获得"四基"（基础知识、基本技能、基本思想和基本活动经验）和"四能"（发现、提出、分析和解决问题的能力），更能培养好奇心和求知欲，形成质疑问难、自我反思和勇于探索的科学精神，从而成为有理想、有本领、有担当的时代新人。

本书从理论和实践两个层面出发，对小学数学生态课堂的构建进行了全面而深入的阐述。在理论层面，梳理了生态课堂的相关理念和研究成果，为构建生态课堂提供了坚实的理论支撑。在实践层面，通过大量的课例分析、实证研究等方法，深入探讨了生态课堂构建的具体策略和方法，为一线教师提供了可操作的实践指导。可以说，本书既是对小学数学教育现状的深刻反思，也是对新课标理念的积极践行。它为我们提供了一个新视角，让我们重新审视和思考小学数学教育的价值和意义。

我相信，本书的出版将会引发更多教育工作者对小学数学生态课堂构建的关注和思考。它不仅能够激发我们的教育热情和创新精神，而且能够为我们提供宝贵的实践经验和理论支持，推动小学数学生态课堂的改革和发展。

在"双减""双新"的美好机遇下，让我们携手共进，共同构建一个充满生机与活力的生态课堂。愿本书成为您探索小学数学生态课堂构建之路的良师益友，与您一同见证小学数学教育的美好未来。

此为序。

正高级教师、特级教师、福建省名校长

厦门海沧延奎实验小学党总支书记、教育集团总校长

厦门市特级教师协会副会长

中国教育学会第九届小学数学专业委员会理事

易增加

2024 年 1 月

前言

当今社会，教育改革的浪潮席卷全球，我国的小学数学教育也面临着前所未有的挑战与机遇。随着教育理念的不断更新和信息技术的发展，我们越来越意识到，传统的教学模式已经不能完全满足现代小学生的学习需求。因此，急需探索一种回归自然、崇尚自主、整体和谐、交往互动、开放生成、可持续发展的课堂教学模式，以激发学生的学习潜能，提升他们的数学素养。正是在这样的背景下，构建生态课堂成为我们的应然选择。

本书是著者主持的福建省教育科学"十四五"规划2021年度研究课题"基于核心问题的小学数学生态课堂研究"的最终研究成果。本书以"生态课堂"为研究对象，借鉴哲学、社会学、文化生态学、教育学和心理学的研究成果，以生态课堂的要素分析为基础，以生态课堂的实践探索为目的，以生态课堂的课例思考为落脚点，构建了本书的框架体系。本书内容由三章组成：第一章"小学数学生态课堂的理论体系"包括小学数学生态课堂的内涵及特征、小学数学生态课堂的基本原则、小学数学生态课堂的理论基础；第二章"小学数学生态课堂的构建策略"主要从课堂环境、课程资源、教学方式、教学评价四个维度探索生态课堂的构建策略；第三章"小学数学生态课堂的课例践行"从"数与代数""图形与几何""统计与概率""综合与实践"四个领域中选取一些课例的教学实践进行探讨，为生态课堂构建提供实践验证。

本书力求体现以下特点：

（1）理念新颖。本书引入生态课堂的理念，将生态学原理应用于小学数学教学中，为小学数学教学改革提供了新的思路和方法。

（2）内容丰富。本书从理论到实践、从策略到案例，全面深入地探讨了生态课堂在小学数学教学中的应用，内容丰富，系统性强。

（3）案例丰富。本书选取了大量典型的教学案例，展示了生态课堂在小学数学教学中的具体应用及其效果，能够使读者更加直观地了解生态课堂的优点和特点。

（4）实用性强。本书不仅提供了构建小学数学生态课堂的理论依据和策略方法，而且提供了具体的操作建议和实践技巧，具有很强的实用性和可操作性。

在撰著本书过程中，我得到了许多人的帮助和支持。首先，我要感谢课题组的每一名成员。每一次的讨论与交流，都让我们更加深入地理解生态课堂的构建理念，你们的智慧、努力和支持与鼓励让我在面对困难时更加坚定，你们的智慧、努力和实践经验为本书增添了丰富的色彩。其次，我要特别感谢厦门海沧延奎实验小学党总支书记、教育集团总校长，正高级教师、特级教师、福建省名校长，中国教育学会第九届小学数学专业委员会理事，厦门市特级教师协会副会长易增加老师，感谢他在百忙之中审读这本书稿，并为本书作序。再次，我要感谢深圳市宝安区官田学校正高级教师、岭南师范学院广东省中小学教师发展中心客座教授、深圳市名师叶建云老师对这本书稿进行的悉心指导。同时，我要感谢所有关心和支持本书出版的领导、同事和朋友们，你们的鼓励与支持是我前行的动力。最后，我要感谢所有读者，是你们的关注和支持让我有动力继续前行。我真诚地希望本书能够为广大小学数学教师提供一些启示和帮助，以期共同推动小学数学教育的改革与发展。

著　者

2024 年 1 月

目录

第一章　小学数学生态课堂的理论体系

第一节　小学数学生态课堂的内涵及特征

一、小学数学生态课堂的内涵

小学数学生态课堂是一个具有深度和宽度的概念，它融合了生态学、教育学及数学教学的理念，强调学生、教师、课堂环境等要素之间和谐共生、相互依存的教学形态。它旨在打破传统数学课堂的束缚，构建一个充满生机与活力的学习环境，让学生在轻松愉悦的氛围中学习数学，感受数学的魅力，提升数学素养。

以下是对小学数学生态课堂内涵的深入剖析。

第一，小学数学生态课堂强调自然与和谐。在小学数学生态课堂中，教师不再是单纯的知识灌输者，而是学生学习旅程中的引导者和伙伴；学生也不再是被动接受知识的"容器"，而是主动参与、积极探索的学习者。这种角色的转变使课堂氛围更加轻松、自由，师生之间的关系更加平等、和谐。在这样的环境下，学生的数学学习兴趣得以激发、思维得以活跃、创造力得以释放。

第二，生态课堂注重整体与系统的观念。生态课堂研究者认为，数学教学是一个系统工程，需要综合考虑学生、教师、教材、环境等因素。在生态课堂中，教师会根据学生的实际情况和需求，灵活调整教学内容和方法，使教学更加符合学生的认知规律和发展特点。同时，生态课堂强调教材的选择和使用要贴近学生的生活实际，能够引发学生的共鸣和兴趣。此外，环境因素（如教室布置、教学设施等）也会对教学效果产生影响。因此，生态课堂注重环境的优化和改善。

第三，生态课堂追求动态与平衡。在生态课堂中，学生的学习是一个动态的过程，他们的思维在不断发展和变化。因此，教师需要不断调整教学策略，以满足学生的学习需求。同时，生态课堂注重平衡各种教学因素，如知识与能力、过程与方法、情感态度与价值观等，以促进学生全面发展。这种对动态与平衡的追求，使生态课堂更具生命力和活力。

第四，生态课堂强调开放与拓展。它鼓励学生走出课堂、走进生活，从生活实际中发现问题、解决问题。同时，生态课堂注重与其他学科的融合与渗透，以拓宽学生的视野和知识面。这种开放与拓展的教学方式有助于培养学生的创新精神和实践能力，使他们更好地满足未来社会的发展需求。

第五，生态课堂的内涵还体现在其关注每个学生的个体发展和生命成长。它尊重每个学生的差异性和独特性，关注他们的学习过程和情感体验，努力为他们提供个性化的学习支持和指导。在生态课堂中，每个学生都能找到自己的价值和定位，实现成长和进步。

综上所述，小学数学生态课堂的内涵是多元、丰富且深刻的。它强调自然与和谐、整体与系统、动态与平衡、开放与拓展，以及关注个体发展和生命成长等理念。这些理念共同构成了生态课堂的核心价值体系，为小学数学教学的改革和发展提供了有力的支撑和指导。

二、小学数学生态课堂的特征

小学数学生态课堂是一种富有活力与创新性的教学环境，其特征在于以学生为主体、教师为主导，共同构建一个和谐、开放、多元的学习空间。在这样的课堂中，数学不再是枯燥无味的数字和公式，而是与学生生活息息相关的有趣体验。具体而言，小学数学生态课堂具有以下生态特征。

第一，生态课堂注重整体性。这一特征体现在教师、学生、环境等各个生态要素之间的有机联系和相互作用上。在这个整体中，教师不仅是知识的传授者，更是学生成长的引导者和伙伴；学生则是课堂的主体，他们的积极参与和主动学习是课堂活力的重要来源。同时，环境因素（如教室布置、教学设施等）也会对课堂氛围和效果产生影响。这种整体性的课堂环境有助于培养学生的综合素养，促进他们全面发展。

第二，生态课堂具有多样性。这种多样性体现在学生个体的差异性、教学资源的丰富性及教学方式的灵活性上。每个学生都有自己独特的思维方式和学习风格，生态课堂尊重这种差异，并鼓励学生发挥自己的特长和优势。同时，教师会根据不同的教学内容和学生需求，选择恰当的教学资源和教学方式，以激发学生的学习兴趣和积极性。这种多样性的教学方式有助于培养学生的创新思维和实践能力。

第三，生态课堂强调协变共生性。在生态课堂中，各个生态要素之间是相互联系、相互作用、相互影响的。例如，教师的教学方式会影响学生的学习效果，学生的学习情绪也会反过来影响教师的教学积极性。这种协变共生性使课堂成为一个动态、开放、充满活力的系统。在这个系统中，教师和学生共同成长、共同进步，形成了一种和谐共生的关系。

第四，生态课堂注重自然和谐与生命生成。自然和谐表现为教师积极创设民主的、自然的、生活的、活动的、自主的、情感的、趣味的学习环境，烘托一种师生间如朋友般的和谐氛围，营造贴近学生自身体验的、生动活泼的学习气氛，使学生在被吸引、被感动、被激励的宽松、和谐的环境中学习。生命生成表现为教学过程由单向的"灌输"和"接受"转为双向的"对话"和"互动"，师生双方在"对话"和"互动"中进行情感交流、互动对话、实践创造与资源开发，彼此形成一个真正的"学习共同体"，变成一种动态的、生动的、发展的、富有个性化的不断生成、创造的过程，从而更好地理解生命的意义、研究生命的规律、挖掘生命的潜能、提高生命的价值。

第五，生态课堂强调整体提升。它关注每个学生的全面发展，不仅注重知识的传授，更重视能力的培养和素质的提升。通过开放拓展的教学方式和多元的评价制度，生态课堂能为学生提供更广阔的发展空间和更多的发展可能性。在这样的课堂中，每个学生都能找到自己的定位和价值，实现自己的成长和进步。

综上所述，小学数学生态课堂具有整体性、多样性、协变共生性、自然和谐、生命生成及整体提升等特征。这些特征共同构成了一个富有活力与创新性的教学环境，从而为学生提供优质的学习体验和发展机会。

第二节　小学数学生态课堂的基本原则

在当今教育背景下，小学数学生态课堂的构建已成为教学改革的重要方向。生态课堂强调以学生为本，注重学生的主体性、个体差异性及课堂环境的和谐性，旨在打造一个充满生机与活力的数学学习空间。小学数学生态课堂应遵循以下基本原则。

一、学生主体性原则

生态课堂的首要原则是坚持学生的主体性。在传统的教学模式中，教师往往扮演着知识传授者的角色，学生则被动地接受知识。然而，在生态课堂中，学生应成为学习的主角，积极参与课堂活动，主动思考和探索数学知识。

坚持学生主体性原则，教师需要转变角色，从知识的传授者转变为学习的引导者和支持者。教师应尊重学生的学习兴趣和需求，为他们提供多样化的学习资源和机会，激发他们的学习热情和主动性。同时，教师应关注学生的学习过程，及时给予指导和反馈，帮助他们建立自信，提升自主学习能力。

二、尊重个体差异原则

每个学生都是独一无二的个体，他们在认知方式、学习速度、兴趣爱好等方面存在着明显的差异。因此，在生态课堂中，教师应充分尊重和考虑学生的个体差异，避免"一刀切"的教学方式。

尊重个体差异原则，要求教师深入了解每个学生的特点和需求，采用个性化的教学策略。例如，针对不同学习水平的学生，教师可以设置不同层次的学习任务和目标；针对不同兴趣爱好的学生，教师可以设计有趣的教学活动和游戏，以激发他们的学习兴趣和动力。

三、情境与体验相结合原则

数学知识往往抽象而枯燥，对于小学生来说，难以产生直观的感受和理解。因此，在生态课堂中，教师应注重情境与体验的结合，通过创设真实、有趣的教学情境，引导学生积极参与数学活动，体验数学学习的乐趣。

坚持情境与体验相结合原则，教师需要精心设计教学活动，将数学知识融入生活实践。例如，教师可以组织学生开展数学游戏、数学实验等活动，让学生在实践中感受数学的魅力和实用性。同时，教师应关注学生的情感体验，营造轻松、愉快的学习氛围，让学生在愉悦的情绪中学习数学。

四、合作与互动原则

合作与互动是生态课堂的重要特征之一。在生态课堂中，学生之间的合作及教师与学生之间的互动是不可或缺的。通过合作与互动，学生可以相互学习、分享经验，共同解决问题；同时，教师可以及时了解学生的学习情况，从而调整教学策略，增强教学效果。

坚持合作与互动原则，教师需要鼓励学生进行合作与交流。教师可以组织学生开展小组讨论、合作学习等活动，让学生在合作与交流中学会收听、表达、协商和分享。同时，教师应积极参与学生的讨论和交流，为学生提供必要的指导和支持，帮助他们解决学习中遇到的困难和问题。

五、和谐发展原则

和谐发展是生态课堂的最终目标。在生态课堂中，学生、教师、环境应形成一个和谐、包容、充满活力的学习共同体。在这个共同体中，每个学生都能得到充分的关注和尊重，每名教师都能发挥自己的专业特长和优势，整个课堂环境充满生机与活力。

坚持和谐发展原则，要求教师关注学生的全面发展。教师不仅要关注学生的知识掌握情况，还要关注他们的情感、态度和价值观的培养情况。同时，教师应积极营造良好的课堂环境，包括物理环境和心理环境。物理环境应整洁、美观、舒适，心理环境应宽松、自由、包容。在这样的环境中，学生可以自由地表达自己的想法和感受，教师也可以更加深入地了解学生的需求和困惑，从而更好地促进他们的和谐发展。

综上所述，小学数学生态课堂的基本原则体现了以学生为本、尊重个体差异、情境与体验相结合、合作与互动及和谐发展的理念。这些原则不仅有助于构建一个充满活力、高效的数学学习空间，而且能促进学生的全面发展，提高他们的数学素养和综合能力。因此，在实际教学中，教师应积极贯彻这些原则，努力打造真正意义上的小学数学生态课堂。

第三节　小学数学生态课堂的理论基础

小学数学生态课堂的理论基础是一个多维度、综合性的概念，它融合了哲学、社会学、文化生态学、教育学、心理学等学科的相关理论，旨在构建一个和谐、自主、可持续发展的数学学习环境。

一、哲学基础

小学数学生态课堂的哲学基础主要体现在过程哲学、生命哲学和生态哲学上。

过程哲学是一种主张世界即过程，以机体概念取代物质概念的哲学学说。它强调变化、持续、永恒客体、机体、价值和混合等核心概念。在过程哲学中，宇宙的事物被分为"事件"的世界和"永恒客体"的世界，机体具有自己的个性、结构、自我创造能力，其根本特征是活动，表现为一种持续的过程。过程哲学认为，整个世界表现为一种活动的过程，其背后并不存在不变的物质实体，唯一的持续性就是活动的结构。将过程哲学理念应用于小学数学生态课堂，可以理解为课堂是一个不断变化、持续发展的过程。在这个过程中，教师和学生作为课堂的主体，通过互动、合作和探究，共同推动课堂的发展。生态课堂中的教学活动不仅关注知识的传授，更重视学生在过程中的体验、感悟和成长。同时，生态课堂强调开放性和多元性，允许学生在不同的情境中探索和发现数学的奥秘，培养他们的创新能力和实践能力。

生命哲学强调生命的动态性和主观能动性，它告诉人们生命是事物存在的基础，人们应当珍视并尊重生命。在小学数学生态课堂中，这种哲学思想体现在对学生生命尊严的尊重上，通过创造一个民主、自然、生活、自主、饱含情感的学习环境，让学生在宽松、和谐的环境中学习，引导他们实现对真善美的追求和对本真生命的超越。

生态哲学强调生态系统中的平衡与和谐，以及各组成部分之间的关联。在小学数学生态课堂中，生态哲学体现为课堂时空与特定地域内生命体之间及其同环境之间的关联。这种关联促使人们以一种生态的思想、态度和方法来观察、思考和分析课堂，尊重生命价值，追求自然、和谐、效率、互动、尊严的课堂环境，并致力于教学质量与生命质量的整体提升。

综上所述，小学数学生态课堂的哲学基础是尊重生命、追求和谐、强调关联，这些哲学思想为构建生动、和谐、可持续发展、充满活力的生态教学环境提供了有力的理论支撑。

二、社会学基础

小学数学生态课堂的社会学基础主要体现在以下三个方面。

第一，社会互动与合作学习是生态课堂的核心要素。生态课堂强调学生之间的合作与交流，通过小组讨论、集体探究等方式，促进学生之间的互动与合作，培养学生的团队精神和合作能力。这种互动与合作的学习模式不仅有助于增强学生的学习效果，而且能培养学生的社会交往能力，为他们的未来发展奠定坚实的基础。

第二，社会文化的传承与发展是生态课堂的重要目标。数学作为一门基础学科，承载着人类文化的精髓。在生态课堂中，教师不仅教授数学知识，而且注重引导学生了解和感受数学背后的文化内涵，培养学生的文化素养。同时，生态课堂鼓励学生将数学知识应用于实际生活，解决实际问题，从而推动社会文化的传承与发展。

第三，社会公平与教育机会均等是构建生态课堂的重要社会学基础。生态课堂致力于创造一个公平、公正的学习环境，让每个学生都能获得平等的教育机会。基于不同学生的学习需求和差异，生态课堂采用多样化的教学方法和手段，满足学生的个性化学习需求，确保每个学生都能在数学学习中得到充分的发展。

综上所述，小学数学生态课堂的社会学基础涉及社会互动与合作学习、社会文化的传承与发展及社会公平与教育机会均等等方面。这些社会学原理为构建富有活力、和谐共生的数学生态课堂提供了有力的支撑和指导。

三、文化生态学基础

小学数学生态课堂的文化生态学基础主要体现在文化多样性与课堂环境的互动关系上。

文化生态学是一门将生态学的方法运用于文化学研究的新兴交叉学科，它关注文化的存在和发展的资源、环境、状态及规律。在小学数学生态课堂中，文化多样性表现为学生有不同的文化背景，以及不同的知识经验和思维方式。这种多样性为课堂带来了丰富的资源和活力，但也带来了挑战。

为了应对这些挑战，生态课堂强调创建一个开放、包容、和谐的学习环境。在这样的环境中，学生可以自由地表达和交流自己的观点，尊重并欣赏他人的文化。教师扮演着引导者和促进者的角色，帮助学生建立正确的文化观念，培养他们的跨文化交际能力。

同时，生态课堂注重数学知识与文化元素的融合。通过引入与数学相关的文化内容（如数学史、数学故事等），不仅可以激发学生的学习兴趣，而且能够帮助他们更好地理解数学的本质和意义。这种融合不仅能丰富课堂内容，而且能促进学生对数学文化的认知和理解。

此外，文化生态学还强调文化的可持续发展。在生态课堂中，这意味着不仅要关注学生的当前学习状况，还要关注他们的长远发展。生态课堂注重培养学生的创新思维和实践能力，旨在为学生打下坚实的数学基础，增强其综合素质和跨文化交际能力，以满足未来社会的需求。

综上所述，小学数学生态课堂的文化生态学基础在于利用文化多样性构建和谐的课堂环境，融合数学知识与文化元素，并关注学生的可持续发展。

四、教育学基础

小学数学生态课堂的教育学基础主要包括生态教育理论和构建性学习理论。

生态教育理论以生态学为基础，将环境科学与教育学相结合。它强调人与自然的和谐共生，通过关注生态系统、物种多样性、资源利用和可持续发展等问题，培养学生的环保意识和环境科学素养。在小学数学生态课堂中，这一理论的应用体现在通过模拟生态系统的运行机制和生态环境的特点，构建一个相对自由的学习环境，让学生在这样的环境中自由探究、积极合作、共同成长。

构建性学习理论强调学生在学习过程中的主动参与和个体经验的积累。在小学数学生态课堂中，可以通过亲近自然、实践探究等方式，激发学生的好奇心、创造力和思维能力，从而取得良好的学习效果。这种理论在小学数学生态课堂中的实践包括鼓励学生自主探究、注重实践操作等，让学生在实践中学习和掌握知识。

上述教育学理论为小学数学生态课堂提供了坚实的理论基础，有助于指导课堂内容的选择、教学方案的设计、教学目标的确定及教学环境的创设，进而提升学生的学习素养，使教学效率和质量得到整体提升。

五、心理学基础

小学数学生态课堂的心理学基础主要体现在以下四个方面。

第一，小学数学生态课堂注重学生的认知发展。根据皮亚杰的认知发展理论，小学阶段的学生正处于由具体运算阶段向形式运算阶段过渡的时期。在这一阶段，学生的逻辑思维能力逐渐增强，能够处理更加抽象和复杂的问题。生态课堂通过提供丰富多样的数学活动和情境，帮助学生构建数学概念和思维模式，促进他们的认知发展。

第二，生态课堂关注学生的情感需求。根据马斯洛的需求层次理论，情感需求是人类的基本需求之一。在小学数学生态课堂中，教师努力营造一种积极、和谐的学习氛围，关注学生的情感变化，及时给予鼓励和肯定，让学生感受到学习的乐趣和成就感，从而激发他们的学习动机和兴趣。

第三，生态课堂注重学生的意志培养。数学学习往往需要学生具备坚韧不拔的毅力和耐心。在小学数学生态课堂中，教师通过设计具有挑战性的数学任务，引导学生积极面对困难，培养他们的意志力和抗挫能力。同时，教师应关注学生的自我监控和自我调节能力，帮助他们建立正确的学习态度和习惯。

第四，小学数学生态课堂的心理学基础还体现在社会心理学方面。

生态课堂强调学生之间的合作与交流，通过小组活动、角色扮演等方式，培养学生的团队合作精神和社交技能。这种合作与交流的学习方式，不仅有助于提高学生的数学水平，而且能促进他们的心理健康和社会适应能力的发展。

综上所述，小学数学生态课堂的心理学基础涉及认知发展、情感需求、意志培养和社会心理学等方面。这些心理学原理为构建富有活力、和谐共生的数学生态课堂提供了有力的支撑和指导。

第二章　小学数学生态课堂的构建策略

第一节　营造生态课堂环境

营造生态课堂环境是构建小学数学生态课堂的基础。一个良好的生态课堂环境可以为学生提供舒适、和谐的学习氛围，使他们能够全身心地投入数学学习中。为了营造这样的环境，教师可以采用多种方法，从创设和谐课堂环境、打造生成课堂环境、实施和美课堂设计、构建自主发展平台及开辟个性张扬天地等方面入手，创造一个富有数学特色的学习环境，建立良好的师生关系，关注学生的情感需求，使他们能够在轻松愉快的氛围中学习数学。其中，创设和谐课堂环境是基础，打造生成课堂环境是关键，实施和美课堂设计是提升课堂质量的有效途径，构建自主发展平台是学生个性化学习的重要保障，开辟个性张扬天地是促进学生全面发展的重要环节。

一、创设和谐课堂环境

美国哈佛大学心理学教授丹尼尔·戈尔曼在《情感智商》一书中指出：在对一个人成功起作用的要素中，智商占20%，而情商占80%，在人的创造活动中，这些情感因素能起到启动、定向、引导、维持、强化、调节、补充等多方面的重要作用。小学数学教师应运用适当的教学策略，创设和谐的课堂环境，让学生充满情感地学习数学。

（一）煽情——拨动"兴趣"之弦

学习是学生主导的活动，学生大量的心理困扰也都源于学习过程，因此教师应在学生学习过程中帮助他们解决问题。把"学"的权利还给学生，把"想"的时间交给学生，把"做"的机会让给学生。教师必须充分根据学生的心理特点，巧妙煽情，以激发学生的学习兴趣，吸引学生主动参与，让学生在有意或无意中接近学习难点，消除对学习新知的陌生感和畏惧感。

1. 谈话煽情，乐在其中

一节课开头好坏，直接影响学生的学习兴趣、探索的积极性和课堂教学效果，因此，教师在新课设计中必须重视"导入"这一环节。新课导入如果能做到目的明确、内容定旨、思维定向、情感定调，那么就能使学生情绪饱满、注意力集中，从而能动地参与学习。

例如，教学"平行四边形面积的计算"时，我采用激情谈话引入新课。一开始，我满怀激情地与学生进行谈话。我说："这节课我们一起完成三件事，好吗？"学生齐声回答："好！"我接着说："第一件事是算出我们班的卫生区有多大，行吗？"学生信心十足地答道："行！""第二件事，讨论几个问题，能不能积极动脑发言呢？"学生响亮地回答："能！""第三件事，帮学校算出面积是 12 平方米的平行四边形花坛的底和高可能是多少，愿意吗？"学生欣喜地回答："愿意！"像这样，我用简洁的谈话，使师生情感互动、心理交融，形成了轻松、愉快、热烈的气氛，学生也在较短时间内进入最佳学习状态，始终情绪饱满、思维活跃。

2. 创境煽情，乐此不疲

良好的学习情境，不仅能激起学生学习的兴趣，而且能激起学生学习的欲望，为学生的探索学习活动架起桥梁。在数学教学中，我结合小学低年级学生喜欢做游戏这一心理特点，在教学中创设了多种数学游戏，让学生在游戏活动中进行学习。例如，在教学"7 的乘法口诀"时，我设计了小鸽子送信游戏。课件出示题目，左边是 7 的乘法口诀，右边是算式。我请学生扮演聪明的小鸽子去送信，把左边的口诀与右边的算式相对应，让大家看看对不对。在游戏中，我让学生戴上"小鸽子"的头饰，同时播放轻音乐，使课堂教学生动有趣、轻松愉快，很好地激发了学生学习的主动性和积极性。

（二）赏识——拉近情感之距

人的内心深处都有一种被人肯定和赏识的欲望，小学生的这种心理需要更为直接、强烈。在得到教师赏识的良好情绪体验下，小学生能产生更强的学习动力。

1. 课堂赏识，激起共鸣

学生是课堂学习的主体，是学习目标的承担者和实现者。在教学过程中，教师要重视学生的学习过程和情感体验，给予积极的肯定和会心的赏识，让学生学习在课堂、成功在课堂。对于学生持有的不同意见或不成熟的回答，教师要坚持一条原则，即"只要你思考了，你就成功了"。对于正确或错误的回答，教师要给予学生不同层次、不同方面的激励。例如，当学生较好地完成任务时，教师要及时鼓励："你完成得真棒！""老师的想法与你一样。"当学生的思维有创意时，教师可表扬："你真了不起，你想到了，老师都还没有想到！""老师佩服你！"当学生回答得不够完善时，教师可激励："你回答得不错，还差一点点，再想想。"当学生回答不正确时，教师也不要忘了激励他们。总之，教师既要让学生兴高采烈地站起来，更要让学生有成就感地坐下去，使他们一直保持积极主动的学习心态，让成功的体验成为学生学习的不竭动力。

2. 作业赏识，春风化雨

批改作业是教师了解学生对所学知识与技能掌握情况的一条重要途径。孔子说过："知之者不如好之者，好之者不如乐之者。"因此，教师在批改作业时，可采取分等级加赏识短语的形式进行评价，如学生作业整洁、美观，就批上"美！老师非常喜欢你的作业！"如果学生解题富有创意，就批上"解题小能手！""你真会动脑筋！"如果学生做错了，可批上"没关系，你再认真想想，老师相信你能行！"等等。这些赏识语言虽短，但却饱含人文关怀，富有针对性和激励性，体现教师对学生的关注，有助于在师生之间架起情感沟通的桥梁，从而激起学生良好的情感体验，进而主动、快乐地学习。例如，我的班级原有一名学生平时写字非常潦草，作业本又脏又乱。我多次找他谈心，也跟家长联系了好多次，但收效甚微。有一次，他的作业字迹比以往工整了许多，我便在他的作业本上批上"原来你的字写得这么漂亮！老师喜欢这样的作业！"这么简单的一句话，竟改变了他学习数学的态度，第二天他上课认真听讲了，作业也做得更认真了。当时我十分惊喜，发觉赏识原来如此美丽！

（三）互动——树立"自信"之心

《义务教育数学课程标准》（2022年版）在"总目标"中指出：通过义务教育阶段的数学学习，学生能对数学具有好奇心和求知欲，了解数学的价值，欣赏数学美，提高学习数学的兴趣，建立学好数学的信心，养成良好的学习习惯，形成质疑问难、自我反思和勇于探索的科学精神。这说明，培养学生的自信心已成为我国数学教育的重要目标之一。这一目标要求数学教师转变教育理念，开展数学活动，让学生在交往互动中建立自信心，在自信中学习，在成功中发展。

1. 讨论互动，说中领悟

教学过程是师生交互、共同发展的过程。教师要改变教学方法，在教学过程中，通过讨论、研究、实验等多种教学组织形式，引导学生积极主动地学习。例如，教学"分数的初步认识"时，我让学生表示出一个圆的四分之一。一名学生说："我把一个圆分成四份，每份是这个圆的四分之一。"另一名学生马上站起来说："错，应该把这个圆平均分成四份，每份才是这个圆的四分之一。"该生还在"平均分"这三个字上加重了语气。我积极肯定了他的观点。在这种宽松、民主、自由、讨论互动的氛围中，学生自发地展开辩论，不仅对此知识点理解得更加透彻，而且发散了思维、树立了自信。

2. 操作互动，做中理解

操作是按照一定的程序和技术要求开展的活动，是学生深度思维的表现。每个操作过程对培养学生能力、发展智力、挖掘创新潜能都是十分重要的。因此，教师要引导学生从具体操作互动中分析、比较，从而概括出结论。例如，教学"圆锥体的体积"时，我首先让学生自由组合成几个操作小组，引导他们在实践操作中通过观察、猜测、验证、推理等，积极主动地思考探索圆柱体积与圆锥体积间的关系；然后，我通过具体的操作，引导师生互动，进而推导出圆锥体积的计算公式。这样，学生通过操作互动、自主探究，不仅培养了动手能力，而且增强了自信心。

（四）体验——开启成功之门

从心理动力学的角度来看，成功体验是学习效果的一种正反馈，是影响学生自我效能感的核心要素，也是学习动机形成与增强的重要条件。因此，让学生在学习过程中不断产生成功体验，是维持和增强学习动机的最基本也是最有效的方式。在数学教学中，教师要充分挖掘刺激学生心理的情感源泉，通过恰当的途径和方法，激发学生健康、积极的情绪体验，让学生在体验中发现数学知识、总结数学规律、培养数学素养。

1. 创造体验，开发潜能

荷兰数学家弗赖登塔尔认为，学习数学的唯一正确方法是实行再创造，也就是由学生自己把要学习的东西发现或创造出来；教师的任务是引导和帮助学生进行这种再创造工作，而不是把现成的知识灌输给学生。在教学过程中，教师要引导和鼓励学生大胆地去探究，不要拘泥于用教师讲解或者课本上现成的方法和思路去解决问题。实践结果证明，学生通过"再创造"，能真正理解学习的内容，并且能灵活运用。例如，学完"圆柱的侧面积"后，可向学生出示下面的探究题：一个圆柱，侧面展开是一个边长为 6.28 厘米的正方形，求这个圆柱的侧面积。乍一看，这道题似乎无从下手，但学生经过动手操作、自主探究，便能想到：圆柱的侧面展开是一个正方形，正方形的边长就是圆柱的底面周长，也是圆柱的高，圆柱的侧面积等于底面周长乘以高。这样，问题迎刃而解。教师应相信学生的认知潜能，给学生留有创造的空间，使学生产生创造的冲动，要让学生像科学家一样去自己研究、发现，在自主探究中体验，在体验中主动建构知识。

2. 生活体验，感受价值

教师要创设条件，重视从学生的生活经验和已有知识出发，学习和理解数学；要善于引导学生把课堂中所学的数学知识和方法应用于生活实际，这样，既可加深学生对知识的理解，又能让他们切实体验生活中处处有数学，体验数学的价值。例如，教学"长方形和正方形的面积计算"这一知识点后，请学生帮老师一个忙：老师家的客厅要铺上正方形的瓷砖，需要买多少块瓷砖呢？通过让学生对这类现实生活中的实际问题进行思考并展开讨论，从而发现解决问题的办法。这样，能让学生感受数学在现实生活中的应用价值，进一步体验学习成功的乐趣。

总之，教育的艺术在于激励、唤醒、鼓舞，教师要善于走进学生的情感世界，把学生当作自己的朋友，用热情和诚恳唤起学生的激情，开发学生的情商，让学生在充满情感的数学教学中幸福快乐地学习、成长。

二、打造生成课堂环境

"动态生成"是新课程改革的核心理念之一。我国著名教育家叶澜指出，要从生命的高度、用动态生成的观点看课堂教学。课堂教学应被看作师生人生中一段重要的生命经历，是他们生命的、有意义的构成部分，要把个体精神生命发展的主动权还给学生。因此，课堂教学不再是教师按照预设的教学方案机械、僵化地传授知识的线性过程，而应是根据学生学习的实际需要不断调整、动态发展的过程。因此，我们应该从生命的高度，以变化、动态、生成而不是静止、僵化、一成不变的观点来关注课堂教学。

（一）情致——拨动"动态生成"之心弦

实践结果证明：宽松和谐的教学氛围能充分唤起学生的主体意识，激发他们自觉、主动地投入学习探索活动之中。因此，在教学过程中，教师应努力建构民主、平等、融洽的师生关系，尊重学生的人格，理解学生的感情，把学生看作共同解决问题的朋友、伙伴，让学生在民主平等的氛围中、充满情致的教学环境中，不断提升兴趣、生成能力。

1. 创设民主氛围，在平等对话中生成

长期以来，教师习惯让学生聆听、关注教师的一言一行，可以说，课堂几乎以教师为中心，学生无独特的感受、体验和理解，当然，教学也顾及不到学生独特的生命表现和他们提出的非常个性化的问题。《义务教育数学课程标准》（2022 年版）强调，教师是学生学习的合作者、引导者和参与者，教学过程是师生交往、共同发展的互动过程。交往意味着平等对话，平等对话是彼此心灵沟通、人格对等的精神交流，它可以提升教学质量，促进学生智慧的灵动迸发。因此，教师要学会倾听，关注学生的发言，以自己的人格形象去感染和影响学生，以兴趣激发兴趣、以能力培养能力、以思想点燃思想、以民主造就民主，让学生感到一种思想交锋的酣畅淋漓和精神交流的兴奋愉悦。

2. 创设游戏情境，在趣味活动中生成

课堂教学过程是师生交往、互动的过程。在这个过程中，学生作为活生生的力量，带着自己的知识、经验、灵感，兴致勃勃地参与教学活动。好玩、好动是儿童的天性，教师可充分利用学生喜欢做游戏的心理，赋予枯燥乏味的数学以"生命"，让妙趣横生的"动感"数学进入课堂，使学生以良好的情趣投入学习中，以此来激发学生的兴趣，促进学生不断地生成。例如，在教学"10 以内加法的整理与复习"时，我设计了"邮递员分信"小游戏。把 10 以内的加法算式写在 50 张卡片上，作为信件，在黑板上画好 0~10 号信箱，请全班学生送信。每名学生都送几次，看谁送得又对又快。这个游戏既紧张又活泼有趣。在群体活动作用下，某些学生变羞

怯为开朗、变沮丧为乐观、变消极为积极，以独立型代替了依赖型、以竞争型代替了回避型。趣味活动能为每名学生提供发挥才能的机会，有利于师生互动，以及动态课堂的生成。

3. 创设问题情境，在自由提问中生成

美国教育家布鲁巴克认为，最精湛的教育艺术遵循的最高准则就是学生自己提出问题。只有学生对所学的内容和身边的生活现象感到好奇，产生疑问，引起探究的欲望，思维才算真正启动。问题意识实际上就是一种寻根究底的态度，是萌发新思想、新方案和创造力的起点，是动态生成课堂的主要标志。因此，教师要注重创设问题情境，让学生自由提问，促进问题意识的不断生成。例如，在教学"求一个小数的近似数"时，我出示例题：把 2.953 保留两位小数、一位小数和整数，它的近似数各是多少？一开始我就提出一个问题："同学们对这道题有什么不懂的地方吗？"这就给学生一个自由提问的空间，有 5 名学生提出不同的问题。生 1："我不知道'保留'是什么意思。"生 2："'保留两位小数'是什么意思呢？"生 3："'保留一位小数'又是什么意思呢？"生 4："什么是保留整数呢？"生 5："怎样保留呢？"问题生成后，学生自由地展开讨论，在讨论中解决问题、学习新知识。这样，教师通过为学生提供提出问题、解决问题的机会，帮助学生发散思维、迸发灵性、生成智慧。

（二）交互——奏响"动态生成"之乐章

有效的数学学习活动不能单纯地依赖模仿与记忆，它必须建立在学生的认知发展水平和已有的知识经验基础之上，必须与自主探索、动手实践结合起来；而且由于学生所处的文化环境、家庭背景和自身思维方式不同，学生的数学学习活动还应当是一个个体与个体、个体与群体之间的互动过程。教师应为学生提供充分参与数学活动的机会，引导学生在自主探索和合作交流过程中，通过经验与未知、认知与实践、知识与情感的交互，让基本的数学知识与技能、数学思想与方法及人生态度得到有效生成。

1. 经验与未知交互，生成认知结构

建构主义认为，学习不是简单的信息积累，更重要的是新旧知识的相互作用，以及由此而引发的认知结构的重组。也就是说，学习是学生的经验体系在一定环境中自内而外地"生长"，它首先要以学习者原有的知识经验为基础实现知识的建构。教师在教学方案的预先设计中，可能已经对学生的直接经验有所估计，但只有在与学生的教学交往中，才能对学生拥有的直接经验的状况做出准确判断。如果课堂中获取的反馈与预先估计的情况不一致，那么教师应该对教学做出调整，使教学成为学生已有的直接经验的逻辑归纳和引申，以增加教学的体验性和生成性。

例如，在教学"圆柱的认识"时，我做了充分的课前预设，但上课伊始发生了令我意想不到的事情。当时的情景如下：

师："今天我们将继续研究立体图形。你准备研究什么？"

生1："我准备先研究圆柱体。"

生2："我准备将剩下的圆柱、圆锥和球一起研究，因为它们都有弯曲的面，肯定有类似的地方。"

生3："这样可能来不及。不过这样的研究可能便于比较，因此我建议先研究圆柱与圆锥。"

我有意识地将"球"抛给学生："你们的意见如何？"

生："研究圆柱和圆锥！"

师："行！你们准备研究些什么？"

生1："像长方体一样，研究棱、顶点、面的特征。"

生2："还可以研究一下高。"

生3："还可以与长方体和正方体进行比较。"

…………

这样，当学生自主选定的学习目标与教师的课前预设发生偏差时，为满足学生探究的欲望，我果断地放弃了预设，收到了意想不到的效果。或者说，正因为学生在已有经验的基础上找到了从"整体"入手这个"支点"，他们探究的兴趣才更加浓厚、探究的过程才更加深入、探究的发现才更加精彩。

2. 认知与实践交互，生成操作能力

实践既是认识的源泉，也是发展的动力。注重实践活动，既是社会发展和素质教育的要求，也是数学教育发展的需要。在教学过程中，在认知的基础上，教师要为学生提供实践机会，引导学生参与操作实践，充分调动学生的多种感官参与活动，使学生学会用数学的眼光去观察、理解生活中的事和物。通过实践，不仅能让学生生成动手操作能力，而且能经历探索数学知识的形成过程，体会数学的应用价值，提高运用数学知识解决实际问题的能力。例如，教学"圆柱、球的认识"一课，探究圆柱体上、下两个面的关系这一环节时，我先让学生猜测圆柱体上、下两个面可能有什么关系，当学生猜测圆柱上、下两个面可能一样大时，再让他们通过动手操作、实践、验证，得出不同的验证方法：①用尺子量；②把圆柱一个面画在纸上，把另一个面拿去比较；③把茶叶罐的盖摘下来，与底面比较；④借助第三个面进行比较。这样，学生在感官认知的基础上，通过动手操作，生成了许多的验证方法，这说明学生的能力是不可低估的。通过动手实践操作，学生完全有可能成为探索者。这样的实践活动，有助于学生牢固地掌握数学知识、有效地提高数学素质，使课堂数学学习充满生机和活力。

3. 知识与情感交互，生成生命意识

动态生成的课堂是最真实的课堂。师生平等对话、互相尊重，在这一过程中，学生真实的思想得以充分展现，同时最大限度地反映出学生学习的意愿。不管是多数学生的想法，还是个别学生的"怪论"，都应加以重视。因为教学对象是有情感、有想法的人，承认差异、个性就是对学生最大的尊重，只有这样，才能把富有人文精神的生命意识落实在课堂教学中。例如，在教学计算时，学生会想到多种方法，教师往往会在总结时进行优化，指明一种最佳方法。但是优化的方法并非对每个人来说都是绝对好的方法，教师应考虑学生的个性差异，只要是学生经过

自己努力"创造"出的方法，都应该得到教师的鼓励与表扬。教师不能急于求成，可提倡学生用自己喜欢的方法进行计算，并试着用别人的方法进行计算，再引导学生进行比较，从中发现优化的好处。这样，采用"小步子"原则，既让学生学到知识，又培养了学生热爱数学的情感态度，建立起学习的自信心。

（三）开放——催开"动态生成"之奇葩

《义务教育数学课程标准》（2022 年版）在"课程理念"部分指出：义务教育数学课程致力于实现义务教育阶段的培养目标，使得人人都能获得良好的数学教育，不同的人在数学上得到不同的发展，逐步形成适应终身发展需要的核心素养。由于学生所处的文化环境、家庭背景和自身思维方式不同，因此学生的数学学习活动应当是一个生动活泼的、主动的、富有个性的过程。开放的课堂有利于开发学生的创造潜能，展示学生的个性，使每名学生都有参与活动的机会，都可以直抒己见。可以说，开放的课堂是动态生成的摇篮。因此，在教学时，教师要改变传统的、封闭的教学形式，创设灵动的、开放的教学过程，设计具有探索性、开放性的问题，放手让学生说、放手让学生做、放手让学生想，为学生的有效生成提供必要的时间和空间。

1. 开放教学空间，在解除束缚中生成

弹性预案的设计，能留给学生充分的想象余地和自主建构的空间，这是课堂动态生成的大门。动态生成不仅需要开放性的物理概念上的空间，而且需要思维层面上的探索与发现的空间。插秧式的座位编排并不适合每一节数学课，有时需要四人家庭式的合作氛围，有时需要多人团体式的探索群体，有时需要个人冒险家式的单刀直闯。为了更好地体现学生的思维差异，开放思维空间，教师可以开辟如聊天式的课堂氛围，让学生在聊天式的对话中，生成新知、建构新知。例如，在教学"钟面的认识"时，我采用聊天的方式进行教学。"你每天几时来上学？""你知道有关时间的哪

些知识?""你认识钟面吗?请介绍给大家。"师生聊天式的氛围显得自然流畅。当然,动态生成的空间还包括知识起点到目标间的空间、环节与环节间的空间、环节内问题呈现给学生的空间。这些空间都应向学生开放,切不可由教师包办代替,否则相当于在课堂中给学生编织了一张无形的天网,将学生"五花大绑",也就谈不上动态生成。

2. 开放教学形式,在体验生活中生成

开放的教学组织形式是指在教学中根据实际,结合教学内容,灵活运用多种教学形式。教师可以从教学内容的实际出发,组织实施"大课堂"教学,即组织学生走出课堂,或将集体教学与实地考察相结合,或由学生自己查阅资料等方式进行教学,让学生在体验生活过程中生成灵感、生成问题。例如,教学"数据收集和整理"时,我在课前为学生布置了一个任务:想办法统计一个路口 10 分钟内经过的各种车的数量。课上汇报时,有的学生说是邀请家人到实地统计获得的,有的学生说是学习小组合作到实地统计获得的,有的学生说是通过交警叔叔帮忙查监控获得的……这样的教学过程中,学生不受教材的约束,不受课堂的局限,基于自身的生活经验,自主生成知识,自主体验成功。

3. 开放问题设计,在体验成功中生成

开放性问题能满足不同学生的需求,有利于鼓励学生参与教学活动,提升自信心,增强合作意识,提高解决问题的能力。在教学过程中,可设计每名学生都有参与机会的开放性问题,使教学过程具有丰富性和生命性,让每名学生都体验成功的乐趣,从而激发学生的学习兴趣,调动学生的主动性与积极性,让学生的智慧与创新精神持续地生成。例如,教学"年、月、日"时,待学生知道年、月、日之间的进率后,我设计了一道开放性问题:一个滴水的水龙头一天要白白流掉 12 千克水,照这样计算,这个水龙头一个月会流掉多少水?我让学生首先独立完成,然后小组内交流不同意见,最后全班得出 4 种答案:① 12×28;② 12×29;③ 12×30;④ 12×31。对于这道条件开放的题目,学生至少可以得出一种解法,在合作的基础上，就能把所有的解法都做出来；另外，我相机点拨，使学生产生节约用水、保护环境的强烈责任感。这样，学生在解决问题的过程中，不断获取知识、发展个性、生成能力；在体验成功过程中，不断生成情感、态度和价值观。

总之，动态生成的课堂是情致的、交互的、开放的，是教师与学生、学生与学生、学生与文本的多元对话，是充满生命活力、智慧与挑战的课堂，是新课标指导下数学课堂教学的一朵奇葩。

三、实施和美课堂设计

数学之美充满了整个世界，结构的完整、图形的对称、布局的合理、形式的简洁，无不体现出数学中美的因素。而作为人类文明和智慧的结晶，数学本身又蕴含着探求未知世界、追求科学真理的功能。数学家克莱因认为，数学是人类最高超的智力成就，也是人类心灵最独特的创作。音乐能激发或抚慰情怀，绘画使人赏心悦目，诗歌能动人心弦，哲学使人获得智慧，科学可改善物质生活，但数学能给予以上的一切。数学教学中到处渗透美的教学，而审美教育本身又是审美情感支配下对数学美的追求。因此，在数学教学中，应充分运用美的教学艺术，挖掘美的教学内容，进行适当的美化处理，在师生和数学之间架起一座桥梁，使学生在美的氛围中，感受数学之美，创造美的数学。

（一）导入美——未成曲调先有情

良好的开端是成功的一半。新课导入是一种艺术，是课堂教学结构中不可忽视的重要环节，在整个教学过程中，起着重要作用。富有美感的新课导入，可以消除学生的紧张心理，营造一种愉悦、和谐的教学气氛，从而吸引学生的注意力，诱发学生的期待心理，激发学生的学习兴趣，唤起学生的审美情感。因此，新课伊始，教师要根据学生爱美的心理特征，创设美的教学情境，运用美的教学语言，展示美的数学内容，以唤醒学习的审美愉悦。

例如，教学"10 的加、减法"时，我运用电脑制作多媒体教学软件，创设了"小鸡吃食"的故事情境，即一个小朋友拿出 2 个食盘喂小鸡，出现左盘 4 只、右盘 6 只的画面。我先根据所提供画面要求学生讲述故事情节，再根据画面提出 10 以内的加、减法问题及如何列式，引出新课内容。因为小学生对形象逼真、色彩艳丽、栩栩如生的动态图画、卡片、实物或生动语言的描述深感兴趣，所以其思维容易被激活。这种优美的情境在学生头脑里留下的不仅有表象、概念，而且有思想、情感和内心的感受。这一切能促使学生积极地投入学习中。

（二）提问美——一石激起千层浪

课堂提问是熔科学性和艺术性为一炉的课堂教学中不可缺少的组成部分。"夫子循循然，善诱人。"这是人们对孔子教学方法中带有美感的称赞。著名教育家叶圣陶认为，提问题，令学生思之，思之不得，即为讲解明之。可见追求提问艺术的完美是非常重要的。精美的提问能"一石激起千层浪"，使学生在学习中精神振奋、感情激奋、思维活跃，既可以引导学生自主探索数学知识，又可以为学生创造展示聪明才智的机会。因此，在教学时，教师要精心设计美的提问，让学生进行美的想象，从而做出美的回答。

例如，教学"长方形的周长"时，在学生理解"周长"的意思后，通过创设情境，电脑出示题目"一个长方形花坛，长 6 米，宽 3 米，它的周长是多少米？"我设计了下面的提问："你能自己解决这个长方形花坛周长的问题吗？请同学们发挥自己的聪明才智，想一想、量一量、议一议、算一算，我相信同学们一定能行。"在这一过程中，以富有挑战性的提问及鼓励性的语言，使学生轻松愉快地投入探索新知识的活动中，从而得出 3 种解题思路：① 6+3+6+3=18（米）；② $6 \times 2 + 3 \times 2 = 18$（米）；③（6+3）$\times 2 = 18$（米）。在总结长方形周长的计算方法时，学生不禁为自己的优美解法喝彩。

（三）练习美——题海无涯精作舟

练习是数学课的重要组成部分，是使学生融会贯通地掌握知识、形成熟练技能和发展智力的重要手段。有些练习题的解题方法蕴含着奇异美。数学解题方法的奇异美像波澜起伏的文学故事、珍贵奇异的艺术品一样扣人心弦，给人以美的感受。我们在教学中不难发现：当学生做出漂亮的解答后，他们的眼睛闪烁着光芒，微笑地搓着双手，请别人来赞赏自己敏锐的思路或特别"优美"的解法。他们的表情和举止证实其享受到数学美感。因此，在练习时，可设计一些开放题、一题多解题，引导学生独辟蹊径、突破常规，创造性地解决问题。

例如，教学"周长与面积的比较"后，我设计了这样的练习题：每组发一根 12 米长的绳子，在操场围一块地开展活动，怎样做才能使面积最大？学生通过小组合作讨论得出三种结果：①认为围成正方形面积最大，为（12÷4）×（12÷4）=9（米^2）；②认为可以利用一段栏杆围一正方形，使面积最大，为（12÷3）×（12÷3）=16（米^2）；③认为可以利用操场的一角围一正方形，使面积最大，为（12÷2）×（12÷2）=36（米^2）。这种开放题设计，能激发学生主动探究的精神，培养学生的动手实践能力，有利于发展学生的创新意识和创造能力，使他们体验成功的乐趣。

（四）小结美——留有尾声听余音

课堂小结是教师富有艺术性地对所学知识和技能进行归纳总结与转化升华的行为方式。俗话说："编筐编篓，重在收口；描龙画凤，重在点睛。"日常生活经验启示我们：当我们处在令人困惑的情境中时，被引起的学习动机最为强烈，假如我们完全解决了所面临的问题，那么紧张感就会全部消失。同理，如果让学生"不满足"地离开课堂，会激起他们持续的学习动机。教师富有美感的"点睛"之笔，可强化主题、升华知识，让学生的思维不断深化，诱发学生继续学习的积极性，从而使教学更趋完美。

例如，教完"角的认识"后，我进行了如下小结："通过这节课，大家学到了什么知识，学会了什么本领？"然后出示老师教学用的大三角板、学生用的小三角板各一块（如图2-1）。"请问大三角板中的三个角与小三角板中相对应的三个角一样大吗？角的大小到底跟什么有关？与什么无关？请同学们课后想一想，下节课上课时把你们的发现告诉老师。"这样的小结可以让学生带着问题"不满足"地离开课堂，激发他们强烈的求知欲望，从而激起他们对数学美的追求。

（a）大三角板　　　　　　　　　　　（b）小三角板

图2-1　三角板

教师在数学教学中，若能将教学过程变为引导学生审美的过程，形成"以美为桥梁、以情感为载体，达到师生互动、共同提高"的一套教学方法，则会使学生产生追求知识和真理，追求真、善、美的炽热愿望，真正体验学习的快乐，进而提高学生的素质，培养学生感受美、理解美、表现美和创造美的能力。

四、构建自主发展平台

现代教育的特征之一是充分展现人的主体性，追求人的全面发展。《义务教育数学课程标准》（2022年版）指出：义务教育数学课程应使学生通过数学的学习，形成和发展面向未来社会和个人发展所需要的核心素养。这就要求教师合理运用教学策略，最大限度地调动学生学习的积极性，让他们在数学王国里自由地探索、自主地发展。

（一）"磁性"化——学生自主发展的温床

数学学习的过程不仅是学生知识技能掌握的过程，也是他们情感、态度、价值观形成的过程。实践结果证明，宽松和谐的教学氛围能充分唤起学生的主体意识，激发他们自觉、主动地投入学习探索活动之中。教师是数学学习的组织者、引导者与合作者。因此，教师要注意转变自己的角色，用亲切、生动、平等的语言组织学习活动；用针对性、多样化的激励语言真诚地评价学生的学习情况；要处处注意体现教学民主，努力建构平等、融洽的师生关系，使自己成为学生的朋友；要尊重学生的人格，理解学生的感情；要把学生看作共同解决问题的伙伴，让学生在充满"磁性"的课堂中充分感受来自教师的尊重和赞赏，以激发学生学习数学的兴趣及探索数学知识的积极性，让学生在充满人情味的氛围熏陶下，自觉主动地参与数学学习。

（二）生活化——学生自主发展的摇篮

苏霍姆林斯基说过，源于生活的教育是最无痕的教育，教学离不开生活，数学知识源于生活而最终服务于生活。教师要充分考虑学生身心发展的特点，重视结合学生已有的生活知识和生活经验，创设富有情趣的、学生熟知的、贴近他们生活实际的教学情境，架起现实生活与数学学习的桥梁，使学生从周围熟悉的事物中学习、理解数学，感受数学与现实生活的联系，从而激发学生的学习热情，促进学生自觉主动地发展。

1. 创设生活情境，在体验数学的现实性中发展

在课堂上，教师要充分挖掘、灵活处理教材，改变教材的呈现方式，充分利用多媒体，创设学生感兴趣的生活情境，引入教学，把教材内容与"生活现实"有机结合起来，使数学知识成为学生看得见、摸得着、听得到的现实。

例如，教学"面积和面积单位"时，我是这样设计的：教师正在装修家里的房子，请学生帮教师布置客厅。当学生提出可在客厅地面铺上地毯

（地板、瓷砖）等时，提问："如果在地面铺上地毯，就需要求地毯的什么？""用什么单位来测量？""能用长度单位来测量吗？"让学生带着探索的欲望，围绕问题一步步展开探究。这样，能让学生深切感受到数学源于生活，数学并不陌生、可怕，从而使学生对数学产生浓厚的兴趣和亲切感，以及探索数学知识的强烈愿望。

2. 注重生活实践，在感悟数学的应用性中发展

学以致用是数学教学的一条基本原则。教学中可再现数学知识与社会生活紧密联系的生活现象，使学生在运用知识解决生活实际问题的同时，体会数学应用的广泛性。

例如，教学"长方体的表面积"后，我设计了一道实践题：学校要粉刷教室的四周和顶棚，请你帮助学校计算出每间教室应粉刷的面积大约是多少？每间教室大约需要多少涂料？这样，把学生置于现实生活情境中，给学生一个真实的任务去解决，做到生活经验数学化、数学问题生活化，变"课堂教学"为"课堂生活"。同时，能让学生在解决实际问题过程中，不断地发展综合运用数学的能力。

（三）活动化——学生自主发展的熔炉

教学过程是一个以学生活动为主的动态发展过程，是学生主动获取知识的过程。教师要把静止的知识动态呈现，让学生通过观察、操作、实验、思考、猜测、讨论、交流等数学活动，经历知识的产生、形成与应用过程；注重为学生提供广阔的活动发展空间，规律让学生自主发现，方法让学生自主寻找，思路让学生自主探究，问题让学生自主解决。

1. 在探究活动中自主发展

教师的任务不仅仅是向学生奉献真理，更重要的是引导学生探求真理。可见，探索是数学的生命线。在教学活动中，教师要变知识的传授者为教学活动的组织者、指导者、参与者，要充分挖掘教材，创造性地使用教材，展现数学知识的原型和来龙去脉，让学生探索知识的形成过程，再走一次科学家所走的路，从而增强学生的自主意识，培养学生的探究精神，发展学生的创造能力。

例如，在教学"平行四边形面积的计算公式"时，我一开始就让学生拿出统一规格的平行四边形纸片、剪刀、透明方格纸、三角板等学具，用准备的工具和学过的知识自己想办法求出手中平行四边形纸片的面积。这样，只提供必要的学习材料，没有进行任何的提示、指导，完全放手让学生通过自主探索，动手量、剪、拼，并在讨论交流的基础上自己推导、发现平行四边形面积的计算公式。学生在自主探究中能学会学习，获取知识，获得积极的情感体验；通过自己的探究，经历学习的全过程，构建一种"以探究促发展"的新型教学观。

2. 在合作活动中自主发展

教师要注重创设合作式学习情境，注重交流的实效性，保证学生全员参与，给予学生充足的时间，让学生充分地展现自我，为学生合作意识的养成与交往能力的发展搭建舞台。

例如，在教学"圆的认识"时，我发给每个学习小组一套特别的画圆工具：一个图钉、一根短线绳和一个铅笔头，让学生自己想办法画圆。用这套工具画圆看似简单，但真正画起来，一个人难以完成，这就需要合作完成。在合作过程中，还要讲究技巧，稍有不慎，就难以画出一个理想的圆。正是由于在反复克服困难过程中才能画好一个圆，因此才能使学生深刻地体验到画圆时各要素的作用，感受到同学之间团结协作的重要性。

3. 在实践活动中自主发展

在实践活动中，学生得以跳出书本知识的局限，亲身体验知识的应用与创造。通过实践，他们不仅加深了对知识的理解，还锻炼了解决问题的能力，学会了团队协作。实践活动为学生提供了广阔的自主发展空间，让他们在探索中发现自我、在挑战中超越自我，从而培养出创新思维和实践能力，为未来的学习和生活奠定坚实基础。

例如，教学"长方形的面积"一课时，教师可设计以下活动：找一找教室中哪些物体的面是长方形的，请动手量出它们的长和宽并计算出面积。有的学生量课桌的长和宽，有的学生量教材封面的长和宽……，并都计算出面积。这样的实践活动，不仅能帮助学生掌握数学知识，而且能提高其运用数学知识解决实际问题的能力。

总之，在新课程背景下，教师要努力构建"磁性"化、生活化、活动化的课堂教学环境，让学生生动活泼地、主动地发展。

五、开辟个性张扬天地

个性是一个人总的精神面貌，反映了人与人之间稳定特征上的差异性。个性的发展，不仅是人身心发展的需要，也是社会发展的需要。目前，面对世界技术革命挑战的潮流，我们的任务是培养和造就创造型、开拓型的人才，这就需要我们正确对待、妥善培养、积极发展学生的个性，为学生开辟个性发展的广阔天地，给学生提供个性发展的良好机会。

（一）转变观念——注重个性

21 世纪的教育是创新的教育，而个性是创新的基础。回顾新中国成立后的几十年，我国的数学教育取得了巨大成就，中小学生学习勤奋，基本功扎实，基础知识和基本技能熟练；但受到应试教育的影响，我们以往的教学活动、教育过程、各种制度，对培养和发展学生的个性特长、创新能力关注太少，甚至在有意或无意之中抑制了学生个性、爱好和特长的发展。作为小学数学教师，应清楚地认识到自身的神圣职责，认真分析小学生的学习心理，了解他们的个性，因材施教。

（二）明确意义——认识个性

心理学研究结果表明：每个人之间表现出的差异都是非常明显的。有的表现在性格上的差异，有的表现为兴趣上的差异，有的表现为能力上的差异。这些差异就是每个人的个性。正如苏霍姆林斯基所说："每一个学生都有独一无二的个性""没有两个像两滴水那么相似的儿童""有三百名学生，就会有三百种不同的兴趣和爱好。"因此，对待学生，我们的教育不可模式化、公式化，不能搞"一刀切"，而应针对学生的个性，悉心扶持，积极发展，使之沿着自己的个性、特长、爱好发展，成为专门人才。

（三）把握心理——发展个性

苏霍姆林斯基指出，教学和教育的技巧和艺术就在于，要使每一个儿童的力量和可能性发挥出来，使他享受脑力劳动中的成功的乐趣。这就是说，在学习中，无论就脑力劳动的内容（作业的性质）还是就所需的时间来说，都应采取个别对待的态度。我认为，数学教学应讲究教学艺术，努力创设条件，营造乐学氛围，让学生在自主学习中发展个性，展现自我、体验自我、超越自我。

1. 给"磁力"——展现自我

兴趣与个性可谓孪生兄弟。心理学认为，一个人的兴趣、个性、能力作为心理特征，是互相制约、互相促进的，个性特点激发人对某一事物发生浓厚的兴趣和爱好，而兴趣和爱好又吸引人去从事某种活动，促进人的能力提高、智力发展，并从中得到成果，得到心理上的满足。因此，在教学时，教师要精心创设趣境，以趣激趣，并在兴趣中不断发展学生的个性、特长。

例如，教学"分数的基本性质"时，我用多媒体演示猴子分饼的画面，边演示边讲解猴妈妈把一个饼平均分成 4 份，给了大猴子一块；二猴子看见了，嚷着说："一块太少了，我要两块。"于是，猴妈妈把第二个饼平均分成 8 份，给了二猴子两块；三猴子看见了，急着说："我最小，我要三块。"猴妈妈把第三个饼平均分成 12 份，给了三猴子三块。当学生沉醉于生动的画面和有趣的故事时，我抓住时机进行提问："同学们有问题要问吗？"于是，他们提出一些问题："三只猴子谁吃得多一些？""猴妈妈这样分公平吗？""猴妈妈是用什么办法来满足猴子们的要求的？"这样，学生由兴趣促使大胆质疑，由疑问产生探究需求，有助于其创新个性的培养。

2. 给"动力"——体验自我

陶行知说："创造力最能发挥的条件是民主。"宽松、民主、和谐的课堂氛围是传播知识的无声媒介，是开启智慧的无形钥匙，是陶冶情操的潜在动力。小学生个性发展的土壤，是以民主的师生关系为基础的课堂教学环境。因此，在教学时，教师要为每个学生创造平等的参与学习的机会，要营造人人都有自尊、安全感的课堂教学氛围，因为在有安全感的课堂里，所有的学生才能敞开心扉、发挥潜能，显露个性和才华。教师要以自己对学生的良好情感引发学生积极的情感反应，形成师生情感交融的氛围，充分引导学生敞开思路、大胆发言，把各自的见解、想法尽量地表达出来。这样，学生的个性就可以得到良好的培养。

例如，教学"长方体的认识"时，我设计了这样一道练习题：在盒中露出物体的一部分，问这个物体是不是长方体。出示题目后，我让学生认真观察并展开想象，并进行小组讨论。学生汇报时，出现 3 种情况：①是长方体；②不是长方体；③无法确定。对于以上情况，我并不急于给出准确答案，而是以求知者的身份让学生说出各自的想法。这样，学生各抒己见、各显特色，思维力、想象力、创造力得到发展，个性也得以充分彰显。

3. 给"活力"——超越自我

个体在发展过程中总会有些差异，"一刀切"的做法是违背客观规律的。杨再隋教授认为，统一掩盖了学生个体认识的差异性，冲淡了学生的认识过程。实践也证明，学校教育的任务不是强制性地造就人，而是从儿童的本性出发，通过各种各样的活动，满足儿童的兴趣和需要，促进儿童个性最完美的发展。因此，教师在教学时，要摆脱时空的束缚，让课堂充满生命活力，根据学生的差异，进行弹性处理：对学有余力的学生，可以在课内自学自己喜欢的其他内容；对于学习有困难的学生，允许其在课外补缺补漏。同时，要根据学生的实际情况分类布置作业。在教学空间上，不应局限在课堂，可根据教学内容需要，组织学生走出课堂，或将集体教学与实地考察相结合，或由学生自己通过社会调查、查阅资料等方式进行学习。

例如，教学"利息"时，课前我布置学生自己获取与"利息"相关的知识。课上汇报时，有的学生说是通过到银行调查获得的，有的学生说是通过查阅资料获得的，有的学生说是在网上获得的……获取知识的各种不同方法不正是学生个性的凸显吗？学习时空的拓展，不仅可以开阔学生的知识视野，打破课堂学习的局限性，促使学生创造性地获取知识，而且有利于学生自由选择学习内容、学习方法等，同时充分彰显个性。

总之，我们应顺应时代潮流，根据学生心理发展的特点，努力开辟学生个性发展的广阔天地，及早地对他们进行发展智力、发展个性的训练，使他们尽快地成长起来，为 21 世纪的现代化建设培养出一批拔尖的、创新的人才。

第二节　盘活生态课程资源

盘活生态课程资源是构建小学数学生态课堂的关键。小学数学生态课程资源是一个多元化的集合，其中包括教材资源、生活资源、生成资源和错误资源等多种类型。这些资源共同构成一个丰富、生动的数学学习环境，有助于激发学生的学习兴趣，提升他们的数学素养和综合能力。

首先，教材资源是小学数学生态课程资源的基础。教材是学生学习数学的主要依据，其中包含大量的数学知识、例题和练习题。教师需要深入挖掘教材资源，结合学生的实际情况，灵活运用各种教学方法和手段，帮助学生掌握基本的数学知识和技能。

其次，生活资源是小学数学生态课程资源的重要组成部分。数学是一门与生活密切相关的学科，生活中的许多现象和问题都可以用数学来解释和解决。教师可以引导学生关注生活中的数学问题，利用生活实例来创设数学情境，让学生在解决实际问题过程中感受数学的实用性和趣味性。

再次，生成资源是指在数学教学过程中，通过学生的积极参与和教师的引导，不断产生的新的教学资源。这些资源既可能来自学生的疑问、讨论、发现或创新，也可能来自教师对教学内容的深度挖掘和拓展。生成资源具有开放性和动态性，能够激发学生的探索欲望和创新精神，促进他们的数学思维和能力的发展。

最后，错误资源也是小学数学生态课程资源中不可忽视的一部分。学生在学习数学过程中难免会犯错误，这些错误反映了他们在思维和理解上的不足。教师可以利用这些错误资源，引导学生进行反思和纠正，帮助他们形成正确的数学思维和解题方法。同时，教师可以通过对错误资源的分析和总结，发现教学中的问题和不足，进而改进教学方法和手段，增强教学效果。

综上所述，小学数学生态课程资源是一个多元化的、相互关联的集合。教师需要充分认识和利用这些资源，结合学生的实际情况和教学需求，创设一个富有活力和趣味性的数学学习环境，促进学生全面发展。

一、创新使用教材资源

教材是进行课堂教学的主要依据，是教学内容的重要组成部分，但不是全部。教师在课堂教学过程中，不应完全拘泥于教材内容的安排，而应在尊重教材、准确把握教材的基础上，根据新课标的理念，以及本班学生的实际，有目的地对教材进行补充、改编、调整；对现行教材进行再开发、再创造，活用教材，从而使数学课堂更精彩，使学生的核心素养得到培养。

（一）补充——让教材丰满起来

一般来说，由于教材篇幅有限，所以不可能把所有的教学内容都讲得十分详尽，我们看到的往往只是教学内容的一大部分，而不是所有。也就是说，教材在进入教学过程前，只是处于知识的储备状态，至于储备的齐不齐、够不够，在教师的心中应当有杆秤，并时时称一称、量一量，不够的、不齐的，就要毫不犹豫地补上去，这样才能取得良好的教学效果。

1.补充准备题——让内容更有说服力

《义务教育数学课程标准》（2022 年版）要求关注生活中与数学相关的信息，让学生主动参与数学学习。为了使数学学习内容处于学生的最近发展区，在进行例题教学之前，可以根据学生的实际，适当补充准备题，为新知的学习搭桥铺路。

例如，在教学"两位数乘两位数的估算"前，我仔细研读了教材①。教材首先是让学生学习"两位数乘两位数的口算"，然后学习"两位数乘两位数的笔算"，最后才是估算的教学。教学估算时，教材只通过"挤牛奶"这一情境图引出估算问题，让学生自己探索估算方法与结果。虽然学生不是第一回接触估算，但是我在平时教学中发现，大多数学生估算的意识较为薄弱，常常是一拿到习题，就非常自然地想计算出准确的答案；甚至有的学生是先计算，再得出估算结果的。针对这一现象，我认为在估算前，教师完全有必要补充一些学生在日常生活中常见、常用的估算问题来增强教材的说服力。因此，在教学中，我通过出示"你知道中国大约有多少人口？""你知道世界大约有多少人口？""我们学校的多功能教室大约可以坐多少人？""我们年级段大约有多少名学生？"等一系列问题，加上多媒体课件的生动解说，让学生非常自然直观地认识到"在我们的生活中有时候不需要知道精确数，只要估计或推算出大约多少就行了"这一知识点，再一次认识到学习估算是非常必要、非常有用的。实践证明，这一补充不仅大大加强了教材的说服力，也极大地提高了学生学习估算的主动性。

2.补充例题——让知识更具挑战性

学生的数学学习内容应具有挑战性，而有的教学内容较为简单，缺乏挑战性。为了达到这一要求，教师可以补充一些需要通过举一反三才能解答的例题，以激发学生的学习兴趣。

① 本书示例及课例的教学内容除特别说明外，均选自人教版数学教材。

例如,"加、减法的一些简便算法"一课主要介绍了一个数加上或减去接近整百、整十数的简便算法。其教学目的是让学生懂得把接近整百、整十的数看作整百、整十的数,总结多加了几再减去几,多减了几再加上几。教材安排了三道例题:"113+59= ?""276+98= ?""165-97= ?"研读教材后,我认为,还可以补充两道例题:"113+101= ?""160-102= ?"让学生也明白少加了几再加上几,少减了几再减去几。最后,我与学生一起总结了四句话:"多加了就减。多减了就加。少加了再加。少减了再减。"这样,学生记起来像在读儿歌,朗朗上口,易记于心。

3. 补充习题——让练习更显层次性

练习的设计要遵循由易到难、由繁到简、由基本到变式、由低级到高级的发展顺序。

例如,学习"小数的性质"之后的一节练习课,教材上的练习只不过是利用性质改写小数,内容简单,学生也容易理解。针对这种情况,教师需要在内容上做一些补充,在思维层次上由浅入深地引导学生进行数学的思索。第一层,教师出示两个"0"和两个"6",要求学生从这四个数字中任选几个组成不同的小数;第二层,引导学生进行有序的思考,组织学生将小数进行分类,结合小数的意义分析大小关系;第三层,让学生找出相邻两数之间有 10 倍关系的小数, 如 0.606, 6.060, 60.60, 606.0。

(二)改编——让教材灵动起来

教材既是完成教学任务的主要载体,也是教师进行课堂教学的主要依据。但在实际教学中,又不能过分依赖教材,要敢于结合学生的年龄特点和心理发展规律,科学地改编教材内容,使教学内容更加充满情趣、更加现实、更加符合学生的实际。

1. 创设情境,让学习充满情趣

心理学研究结果表明:人的注意力容易被熟悉的事情吸引,人们总是对发生在自己周围的事情更感兴趣。这就要求教师时时处处想方设法给教材"穿上"熟悉的"外衣",来充分激发学生的学习兴趣,使学生以高昂的热情投入学习活动中，并让其感受到学习数学是一件很快乐、有意义的事情。

例如，"约数和倍数"中的"质数""合数"是较枯燥、被动的学习内容，然而，我坚持以人为本、一切从学生的实际出发的宗旨，创造性地改进教材，让学生在趣味中认识质数与合数的相关概念，促进有效学习，使学生得到主动发展。待学生有了约数和倍数的概念后，再引导他们认识每个数的约数的个数有什么规律。我请全班同学按照座位顺序报数，每名学生代表自己所报的数，全班学生把数报完，我请一名学生说出代表数的约数，并说出代表的数共有几个约数，其余学生细心听并评一评。学生准确地说出各数的约数后，我请只有两个约数的学生都站起来，同时请坐着的同伴给只有两个约数的同学命名。全班学生兴趣极高，很快说出："他们都叫'质数'。"用同样的活动形式，请"质数"们给3个或3个以上约数个数的好伙伴们命个名——"合数"。然后我请报"1"的学生站起来，请"质数""合数"们给"1"命个名，学生异口同声地说："'1'只有一个约数1，因此它既不是质数也不是合数，而是自然数。我们都离不开'1'这个好朋友！"通过以上片段，使学生变被动学习质数、合数和"1"的概念为主动学习这一抽象概念。在教学过程中，我改编了教材，让教材更富趣味性，从而更有效地为学生学习知识服务。

2. 联系生活，让知识触手可及

《义务教育数学课程标准》(2022年版)要求学生尝试从日常生活中发现问题并提出问题。因此，在教学时，教师要努力创设生活情境，让学生感到数学并不陌生，而是就在我们身边；数学源于生活，用于生活。

例如，"两步计算的加减法解决问题"是一节包含"连减两步问题和多种类型的加减两步问题"知识点的课。研读完教材后，我认为，教材中单纯的例题和学生的生活经历联系不够密切。于是，我对教材中这一课的内容进行了改编，创设了接近学生现实生活的问题情境，让教材更富现实性。通过解决"老师带30元，先从家里坐公交车到车站花1元，又从车站坐车到清水岩花 6 元，你们能帮老师算算现在还剩多少钱吗？"我借助这种学生都熟悉的车费问题，来帮助学生学习连减两步问题的解答方法。又通过"老师坐的车上原来有 20 人，到魁斗后有 8 人下车，又有 3 人上车，你能算出现在老师车上有多少人吗？"这种上下车问题的解决，让学生学会加减两步问题的解答方法。实践表明，由于学生在日常生活中经常接触这类问题，因此注意力能迅速集中，从而积极地投入学习之中，取得事半功倍的效果。可见，这种改编让教材更富现实性。

3. 优化操作，让学生信手拈来

《义务教育数学课程标准》（2022 年版）要求学生的学习应以独立思考、动手实践、自主探索、合作交流等作为主要方式，但数学教材中有些操作题学生做起来有困难或误差较大，因此可以通过改编，方便学生操作。

例如，在"长方形、正方形面积的计算"一课中，教材中例 2 第（1）小题先提出问题，引导学生通过画方格或摆面积单位，采用计数或计算的方法得出长方形的面积是 15 平方厘米。从中形成猜想，进而想到：其他长方形的面积是不是也可以用"长 × 宽"来计算呢？再通过第（2）小题列表的形式，引导学生任取几个面积为 1 平方厘米的正方形，拼成不同的长方形，启发验证，得出长方形面积的计算方法。在这个环节中，教材是让学生用面积为"1 平方厘米"的正方形进行操作。结合实际情况，学生如果按照教材用面积为"1 平方厘米"的正方形进行操作会很不方便，因此，我在教学中大胆对教材进行改编，让学生用面积为"1 平方分米"的正方形进行操作。我将操作分为三个步骤：首先，通过观察三幅图画，估计每幅画的面积，让学生直观地感受到长方形的面积与它的长、宽有关系；然后，通过进一步的观察，发现三个长方形的面积正好等于它们的长与宽的乘积；最后，通过小组合作，让学生任取几个面积为"1 平方分米"的正方形拼成不同的长方形，进一步验证猜想，进而得出长方形的面积公式。对教材内容进行这样的改编后，学生操作起来很方便，速度较快，容易观察，教学效率也较高。

（三）调整——让教材系统起来

一名优秀的教师不会简单地照本宣科，而总是在调整或开发教材。这种调整不是不重视教材、随意更换教材，而是直面课程标准，在对教材"了如指掌"的前提下，根据教学实际，参考不同版本，寻找相关主题文本，找出更好的示例。

1. 调整单元顺序，凸显大单元教学

教材中有些章、节的内容是一些概念性或规律性知识，它们经常要用到后面的知识。如果按照教材原有顺序实施教学，那么既会降低课堂教学效率，又会挫伤学生继续学习的积极性。在实际教学过程中，教师不一定要严格按照教材的顺序教学，可以调整教材顺序，按照自己的理解，把某些教学单元提前或者推迟。例如，"时间的计算"中要求换算，在进行类似于"3 小时等于多少分钟"或"5 分钟等于多少秒"的换算时，由于还没有学习整十数乘一位数，学生还不会计算"60×3""60×5"。教师在教学时，可以让学生只用连加的方法进行计算，而且要注意出题时数据不要太大。为了方便教学，我认为可以创造性地使用教材，调整顺序，先教学后面第六单元的"多位数乘一位数"，再教学第五单元的"时、分、秒"，这样，学生可以灵活地运用连加和乘法两种方法进行换算。

2. 整合例题内容，凸显结构化设计

《义务教育数学课程标准》（2022 年版）确立了核心素养导向的课程目标，在对课程内容的组织中，要求对课程内容进行结构化整合。在"教学建议"中指出："改变过于注重以课时为单位的教学设计，推进单元整体教学设计，体现数学知识之间的内在逻辑关系，以及学习内容与核心素养表现的关联。"例如，"有余数的除法"这一单元的主要内容有余数及有余数除法的含义、余数和除数的关系、有余数的除法竖式和表内除法的竖式、试商、解决问题，基于对新课标的思考，可对本单元进行如下整合：将认识余数及有余数除法的含义、余数和除数的关系整合为一课时，增加

利用有余数除法解决周期问题的拓展课。

总之，教师在教学过程中，要基于教材但不能拘泥于教材，要做教材的主人，从学生实际情况出发，用新课标理念创新使用教材，促进学生核心素养发展。

二、合理利用生活资源

数学内容生活化，让学生学习现实的数学，是新课标的重要理念。即在数学教学中，要让数学教学的内容向社会延伸，让社会生活进入数学教学，让数学教学充满时代气息和活力。小学数学是数学教学的基础，那么，如何把枯燥的数学变得生动、有趣、贴近生活，让学生乐学活用，在学以致用的过程中将数学知识生活化，培养学生的创新精神和实践能力呢？我认为，可以从如下四个方面着手。

（一）创设生活情境，感受数学

新的课程理念强调以学生的现实生活和已有经验为学习背景，倡导"创设问题情境—建立数学模型—对所建的数学模型进行解释与应用"的课堂教学模式。在课堂教学中，教师可多创设生活情境，再现生活场景，引导学生参与生活、社会等方面的实践活动，了解数学在现实生活中的应用，培养学生的应用能力、创新能力。学生有了熟悉的经验，有了探个究竟的心理，学习兴趣就会大大提高，学习的主动性和积极性必然贯穿于整个学习过程。这就要求教师的教学形式要接近学生的生活，使学生感知生动有趣的数学问题，成为学习数学的主人。同时，教师要真正成为学生学习的组织者、引导者、合作者与共同研究者。例如，在教学六年级"分数应用题"时，我让学生都来做一个商人，进行模拟经营。具体步骤如下。

教学第一步：告诉学生经商要有资本，首先要积累资金，现有一批积压货物需要处理：①帽子原价20元，现价是原价的50%，现价是多少元？②围巾原价15元，比现价高50%，现价是多少元？③手套原价20

元，打六折出售，可卖多少元？④篮球原价30元，比原价减少40%卖出，可卖多少元？算出这四种物品全部变卖后共有多少元钱？（50元）将这50元作为个人积累的资金。

教学第二步：用这50元作资本，去批发市场采购产品。鲜花每支1.2元（购买50支以上才可以批发），苹果每千克1.6元（购买50千克以上才可以批发），西瓜每千克1元（购买60千克以上才可以批发），那么50元可以买什么？经过学生积极主动地计算，发现什么也不能买，那么怎么办？大多数学生想到合伙经营，如通过四人一组自由组合，总资金就有200元。

教学第三步：选择投资。时间：五月的一天。天气：阴。鲜花进价：每支1.2元。选择：①买50支；②买100支。学生积极热烈地讨论后，有的选①，有的选②。接着出示结果：进货后第三天是母亲节，鲜花以高出进价的50%全部售出。选②的学生激动、兴奋，选①的学生后悔莫及。后来，又用同样的教学方法批发了苹果、西瓜。每一次选择，学生都十分慎重。

整节课，学生兴趣盎然，主动参与。通过这次模拟经营，学生还体验了作为一名商人的苦与乐，知道了做生意有风险，要自负盈亏，进而体会到数学学习的价值，从而使本来抽象枯燥的内容变得有趣味性和现实性，让数学焕发出生命的活力。

（二）利用生活素材，体会数学

陶行知说："生活教育是给生活以教育，用生活来教育，为生活向前向上的需要而教育。"生活中处处有数学，数学渗透在生活的每个角落。在数学教学中，教师要经常联系生活实际，引导学生体会数学，搜集贴近他们生活的素材。在数学教学中，学生是学习的主体，教师是学生的引导者、合作者，教师的作用更多地在于点拨，"润物细无声"地引导学生探究、获取知识，学会数学思维。

例如，在教学"长方体的体积"时，我首先运用身边能经常接触的实物（如墨水瓶中的墨水、可口可乐中的饮料等），给学生讲清体积的概念。然后，推导长方体的体积公式。这时，我取出一排 4 个棱长是 1 厘米的正方体拼成长方体，要求学生观察并说出长方体的长、宽、高与体积，学生很快说出长是 4 厘米，宽是 1 厘米，高是 1 厘米，体积是 4 立方厘米。我又取出三排同样的长方体摆三排一层，学生得出长是 4 厘米，宽是 3 厘米，高是 1 厘米，体积是 12 立方厘米。紧接着，我取六排同样的长方体摆三排两层，请学生仔细观察，得出结论。经过以上操作，学生通过观察思考，发现长方体的体积等于长、宽、高的乘积。在这一过程中，我边指导学生操作，边让学生观察和有意识地做好板书，这既是对活动主体的服务，也是培养学生创新能力的一种体现。这样的教学过程有利于突出教师的主导作用和学生的主体地位，使学生爱学、会学、乐学，使他们产生浓厚的学习兴趣，主动参与新知识的探究，在获取知识的同时，体验数学就在我们的身边，让学生经历一次知识发现的过程，培养学生的创新能力。

（三）借助生活经验，探究数学

数学知识本身是抽象的，但它又是寓于生活、扎根于现实的。在教学中，教师要充分借助学生已有的生活经验，帮助学生体会数学知识的真正价值，以及学习数学的无穷乐趣，进而增强学生的数学应用意识。

例如，在教学"月球旅行"一课中的"买门票"问题时，教材中的图上安排了三组人：第一组 1 个大人带着 1 个小孩，第二组 2 个大人带着 1 个小孩，第三组是学生熟悉的智慧老人带着淘气和笑笑。他们买票进游乐园，1 号门票价一律 8 元，2 号门成人票 10 元、儿童票 6 元，那么，走哪个门省钱？买票是学生生活中常见的问题，有了这样的生活经验，学生学习的积极性高，问题也就迎刃而解了。意想不到的是，学生竟还总结出省钱的秘诀：大人多、小孩少，就走 1 号门；大人少、小孩多，就走 2 号门；大人和小孩同样多，走哪个门都一样。学生甚至想出更省钱的办法，就是同一组人中大人走 1 号门，小孩走 2 号门。学生在思考问题时，能联系自己的生活经验，多角度地考虑解决问题的基本策略，不能不说这是一种创新，是学生具有良好的数学意识的体现。的确，数学源于生活，有很多的数学问题在现实生活中都能找到原型，学生也更容易理解那些实际生活中的数学问题。因此，在教学中，教师除了要注重选择学生身边感兴趣的素材，提出相关的数学问题，还要注重为学生在生活中寻找解决问题的途径，使学生学会借助生活经验思考问题。

（四）回归生活空间，应用数学

学习数学知识，是为了更好地服务生活，将其应用于生活。因此，编制一些实际应用的题目让学生练习，有助于培养学生运用所学知识解决实际问题的能力。

实践既是认识的源泉，也是检验认识正确与否的唯一标准。要提高学生应用所学知识和方法解决简单实际问题的能力，必须注重与实践活动相结合，在实践活动中培养学生应用数学的意识及能力，从而激发学生爱数学、学数学、用数学的情感，并从中体验成功的喜悦。数学教学要从数学的生活经验和已有的知识背景出发，给学生提供充分开展数学实践活动和交流的机会，使他们真正理解和掌握数学知识、思想和方法，同时获得广泛的数学活动经验，从而认识到生活处处有数学、处处离不开数学。

例如，教学"圆柱体表面积"时，我在学生掌握圆柱体表面积计算方法之后，让学生动手测量和计算圆柱体茶叶筒、水桶和通风管的表面积。学生在测量和计算过程中，知道茶叶筒的表面积是"两个底面积＋侧面积"，水桶的表面积是"一个底面积＋侧面积"，而通风管的表面积只是它的侧面积。在实际探究中，学生认识到不同物体的表面积是不同的，计算方法也不同；初步体会到具体情况具体分析，形成应用数学的意识。再如，学习利息知识之后，让学生争当小参谋，讨论钱怎样存最合算；学习百分率知识之后，让学生了解家中各项日常开支，求出各种支出的百分率，向家长提出开支调整协议……运用数学知识解决实际生活问题，实现数学与生活的紧密结合，能帮助学生学会生活，提高生活实践能力。

总之，数学知识源于生活，教师在数学教学中，应积极地创造条件，善于挖掘生活中的数学素材，为学生创设生动有趣的生活问题情境，组织学生有兴趣地思考学习，鼓励学生善于发现生活中的数学问题，使学生主动投入数学学习之中，养成从数学的角度观察和分析周围事物的习惯。更重要的是，要使学生真切感受数学存在于生活之中，生活中充满了数学，数学与生活同在，领悟数学的真谛与价值。

三、巧妙利用生成资源

新课程理念下的课堂教学是一个动态的、随机生成的过程，其间，学生表达的许多新想法、提出的许多新问题是教师无法预料的；而这些无法预料的新想法或新问题往往就是有效课堂的教学契机，乃至是整节课的一个精彩亮点。这就要求教师关注课堂生成的课程资源，学会在课堂上认真地听、审慎地问，尊重每名学生的发言，用巧妙的理答即时生成一些教学亮点，进而构建一个精彩纷呈的高效数学课堂。

（一）善于捕捉，及时理答

教师在课堂教学过程中肯定会遇到很多没有想到的"可能"，如果没有这些预料不到的成果，教学也就不会成为一种艺术。因此，教师在课堂上要多留个心眼儿，随时发现、捕捉学生问答中富有价值和意义的、充满童趣的问题，并及时做出合适的理答，及时引导，适时点拨，提高课堂效率。

例如，在教学"加与减（三）"之后的"整理与复习"课中，我让学生计算课本中的 6 道减法计算题："99-38=?""31-24=?""63-49=?""50-23=?""88-55=?""43-34=?"当学生计算完毕后，我请学生观察并询问他们发现了什么，哪几道题是比较特殊的。马上就有学生举手说："有两道是不退位减法，其余四道是退位减法。"当我满意地请他坐下并正打算继续教学时，有一名学生说："老师，我认为比较特殊的应该是'43-34=？'这一题。"我感到奇怪，追问："为什么？"该生说："这道题的两个两位数有点儿特殊，它们的个位和十位交换了位置，且它们的差是9。"真是不鸣则已，一鸣惊人。我灵机一动：这正是一个让学生发现此类题目计算规律的好时机。于是我顺水推舟，马上改变原来的教学方案，顺着学生的思维改变了教学思路。通过这名学生的举例，全班同学很快发现：只有相差是1的两个数组成的两位数，减去这两个数换位后组成的两位数的算式得数是9。事后我反思，如果当时忽略了那只高举的小手，这个规律就不可能被学生发现。

通过以上案例可以看出，学生的一个回答、一个提示、一个有价值的问题，都可能激发教师的教学灵感。这就要求教师不应受缚于教案，而要善于捕捉并很好地利用动态生成的课堂资源，并及时进行合适的引导、有效的理答，通过多向交互作用，推进教学进程，让课堂教学异彩纷呈。

（二）允许争辩，智慧理答

在课堂教学中，教师要认真听学生的每一句话、每一个想法。对于那些偏离常规，具有独特的感受和鲜明的个人观点的异议，教师必须确立一种观念：只要学生动脑筋思考，大胆质疑，不管他们思考的结论是否与课本上的一致，是否与其他同学的看法一致，甚至不论想法是否正确，教师都应该予以鼓励，并给予学生解释、争辩的机会，让学生把异议的缘由说一说，那样教学会更精彩。

例如，在教学"正比例意义"之后，我让学生举例说明哪两种量成正比例关系。学生纷纷举手，我一连点了几名学生，他们都能准确地做出回答。这时，我看到坐在最后一排的一名男同学还在坚持举手，便请他回答。该生说："$X-Y=0$，X 和 Y 成正比例"。多数学生听后都愣了一下。我反问："$X-Y=0$，X 和 Y 成正比例，对吗？"其他学生几乎异口同声地回答："不对！"我又问："为什么不对？"他们又几乎一齐说："凡是加减关系的都不成正比例。"我本想继续往下教学，但我相信这名男同学如此坚持自己的想法必定有自己的理由，于是我让他说明理由。该生说："正比例的关系式 $\frac{Y}{X}=K$（一定）中的 K 不能为 0，如果 K 为 0，Y 也要为 0。那么 Y 和 X 就不能成为两个变化的相关联的量了。但 K 可以是小数、分数，还可以是任意不为 0 的自然数。而如果 K 为 1，Y 和 X 就成为相等的量。这样，当 $X=Y$ 时，$X-Y$ 的差不是等于 0 吗？因此，当 $X-Y=0$ 时，X 和 Y 是成正比例的。"话音刚落，全班同学不由自主地为他鼓起了掌。我听了他精彩的论述，也为之感动，平时的精心培育终见成果，他们能用转化的方法来判断问题。如果当时我对该生有创意的想法置之不理或简单地否定，那么这节课中生成的精彩一幕将会悄悄溜走。

可见，针对学生课堂上的异议，教师应主动面对，而不是回避，更不能一语带过或武断地否定，要智慧理答，把异议作为一种课程资源充分加以利用。如果能做到这一点，那么将会获得意想不到的效果。

（三）尊重差异，优化理答

动态生成的课堂是真实的课堂。师生平等对话、互相尊重，在这一过程中，学生真实的思想得以充分表达，同时最大限度地反映出学生学习的意愿。不管是多数学生的想法，还是个别学生的"奇想"，都要加以重视。只要充分挖掘学生潜在的智慧，突破预设，认真倾听，让学生进入角色，让课堂充满生成的美，那份演绎就会淋漓尽致，那份精彩就会水到渠成。

例如，教学"年、月、日"时，在学生知道大月、小月、平年、闰年后，我问学生："怎样计算平年全年共有多少天？"生1："把每个月的天数加起来。"生2："因为有 7 个大月、4 个小月和 1 个二月，所以用'$31 \times 7 + 30 \times 4 + 28 = 365$'来算。"这些答案已在我的预料之中，一切都水到渠成。正当我要进入下一环节时，我发现有一名学生把手举了一下，又放下了。于是，我问他有什么事，谁知他一站起来就说："我觉得这样计算太麻烦了。"这出乎意料的回答使我犹豫了一下，我顺水推舟问道："你还有什么简便的方法？说给大家听听。"他说："我把每个月的天数都看成30天，7个大月多了7天，再加上7天，但二月只有28天，必须减去2天。算式是$30 \times 12+7-2=365$。"谁知，受这名学生启发，马上又有一名学生站起来说："老师，我还有一种算法，把每月的天数都看成31天，4个小月多算了4天，二月多算了3天，一共多算了7天，算式是$31 \times 12-7=365$天。"这样，学生的思维一下子活跃了，课堂教学掀起了一个高潮。

（四）鼓励质疑，深化理答

南宋教育家陆九渊说："小疑则小进，大疑则大进。"学生天生就有一双智慧的眼睛，对世界充满了好奇，总爱"打破砂锅问到底"。他们的问题有的天真烂漫，有的稀奇古怪，有的幼稚可笑。教师应创造条件，鼓励学生提出他们需要解决的问题，并创造性地利用这些问题，加以诱导、启发，使学生的问题成为有效教学的"拐杖"。

例如，教学"千克的认识"时，一名学生问："老师，我看我妈妈买蔬菜、水果时，总是讲买了几斤，斤就是千克吗？"面对这个预设外的生成问题，我该怎么办呢？我灵机一动，充分肯定该生："你提的问题很有价值，我想这也是其他同学感到困惑的问题吧！"接着，我告诉学生说："在日常生活中我们习惯用斤作为计量单位，较少用到千克这个计量单位。"这时，另一名学生又提出问题："那为什么数学书上介绍的是千克而不是斤呢？"我顺势引导学生说："其实千克才是国家法定的计量单位，同学们有谁知道千克与斤的关系吗？"学生跃跃欲试，课堂气氛非常活跃。当我追问他们是怎么知道千克与斤的关系时，学生的回答更是精彩无比，有的说是听妈妈说的，有的说是在电脑中查阅后知道的，有的说是猜的，还有的很诚实地表示自己真的不知道。我对学生的回答逐一进行评价引导。

这个问题的提出，真是"一石激起千层浪"，不仅加强了书本知识与生活经验的联系，弥补了书本知识的不足，而且使学生的认识不断深化、思维不断碰撞、理解不断深入。这样，学生不仅获取了知识，还学会了获取知识的方法，真正实现了"双赢"。

（五）多样评价，精彩理答

有效的课堂理答，既是一种教学行为，也是一种对学生的有效评价。教师应该充分发现并挖掘"评价"这一有效武器，在学生回答问题后，及时理答、及时评价，通过评价来反馈学生的学习情况，有意识地对学生的发展进行引领提升，提高学生学习的积极性、有效性。

当学生回答正确或很精彩时，教师应当给予充分肯定，并毫不吝啬地送上恰如其分的表扬，这既是对学生的肯定，又能激起学生的学习兴趣和自信。例如，当学生解答应用题有独到见解时，我会说："你的解法老师很好奇，能不能说说你的解题思路？""你的见解让人耳目一新。""你真了不起。"学生听到教师这样的评语后，都会喜滋滋地坐下，从而以积极主动的心态投入学习之中。

对于回答不够全面或是没有一定深度的学生，教师也要给予充分肯定，同时进一步启发学生全面考虑问题，并通过评价进行反馈，帮助学生对所提问题有一个全面深入的理解。例如，"如果你能把……说得更具体些，那就更精彩了。""你讲得很有道理，如果能把……讲清楚，那就更有说服力了。"

当学生遇到困难或思维受阻时，教师不可操之过急，应该沉下心来，充分发挥评价语的启发诱导功能，让学生在教师的点拨引领下，自主建构新的知识，经历自悟自得的过程。例如，当学生把举起的手又放下，举棋不定时，教师要微笑地对他说："老师相信你能行的。""你其实能说的，你想什么就说什么，遇到困难时，老师和同学都很乐意帮助你。"

教师在听了学生的回答后，对于答案准确、精彩的程度应予以不同层次的表扬，或肯定，或鼓励，或建议，以关心、爱护和理解学生为出发点，达到有效提问后的有效评价、深化理答，通过教师精彩的理答使课堂变得更精彩，使学生变得更自信。

总之，课堂是动态的，是富于生命与活力的。课堂的生成是谁也无法预设的，教师应正视课堂教学中突发的每一件事，并善于利用和开发，运用艺术的、充满智慧的有效理答，构建精彩的生态课堂。

四、有效利用错误资源

心理学家盖耶说："谁不考虑尝试错误，不允许学生犯错误，就将错过最富有成效的学习时刻。"作为教师，要允许学生出错，把学生学习中的出错看成一种尝试和探索的过程；并将差错作为一种促进学生情感发展、智力发展的教育资源，正确地、巧妙地加以利用，变学生的差错为促进师生发展的有效资源。

（一）纳"错"——百花齐放

教育家叶澜指出，学生在课堂活动中的状态，包括他们的学习兴趣、注意力、合作能力、发表的意见和观点、提出的问题与争论乃至错误的回答等，都是教学过程中的生成性资源。因此，教师要用资源的眼光来看待学生学习中的错误，理解并接纳它，为教学开辟更广阔的天空。

1. 理解差错，点亮一盏灯

认知心理学派认为：错误是学习的必然产物，学生的知识背景、思维方式、情感体验、表达形式往往和成人截然不同，他们在学习过程中出现各种各样的错误是十分正常的。人的一生不可能一帆风顺，每个人都是从不断地犯错、改错中成长起来的。学生由于有着不同的文化环境、家庭背景、情感体验和思维表达方式，也就有着参差不齐的思维水平，做事时难免会出现差错。

例如，教学"求平均数应用题"时，我让学生做以下练习题：一次数学考试，五年1班52人，平均分83.2分；五年2班56人，平均分86.5分，求两班的平均成绩。经常有部分学生会这样做：（83.2+86.5）÷2。出现这样的差错我认为很正常，因为有的老师在期末统计分数时，计算年段的平均成绩也出现过同样的差错。因此，面对差错，我们应该理解它、宽容它，亮起绿灯，为它的到来提供"通行证"。

2. 接纳差错，打开一扇门

新课程背景下，教师要宽容、理性地对待学生的错误，用"阳光心态"来接纳学生的差错；不要轻易否定，而要肯定学生的积极参与，用鼓励的语言去评判；学生错了要允许重答，答得不完整要允许再想，有不同的意见要允许争论。只有这样，学生才会毫无顾忌地发表自己的意见、实践自己的设想，师生间才会有认识上的沟通、心灵上的对话，才能构建"百花齐放"的生态课堂。

例如，教学"有余数的小数除法"时，我让学生计算"$45.6 \div 1.8$"，汇报时有的学生得出的商是 25，余数是 6。针对这一错误，我没有评价，而是先肯定学生敢于展示自己的做法，然后让学生先独立思考，再跟学习小组讨论答案是否正确，以及是怎样判断的。学生在富有启发性问题诱导下，积极主动地进行探索，很快找到两种判断余数错误的方法。接着，我给学生一个机会，让他们自己找出正确的商和余数。正是由于我接纳了学生的差错，才让学生因差错而打开了思维之门。

（二）用"错"——点石成金

教学实践表明：经历过程往往比获得结果更可贵，哪怕这个过程是错误的，有时也能给人留下铭记终生的印象。对于课堂教学中动态生成的差错信息，教师要独具慧眼，及时捕捉稍纵即逝的差错，并将其巧妙地运用于教学活动，以锻炼自己驾驭课堂的能力。也就是说，在教学中，教师要凭借自己的智慧开发和利用好"差错"这一宝贵资源，让学生在争辩改错中感悟道理、领悟方法，在"吃一堑，长一智"中增长才干和智慧，使学生"从错误中醒来，以全新的力量走向真理"，使差错资源成为数学教学的另一道亮丽风景。

1. 就错论错，在争辩中感悟真理

对于在课堂教学中捕捉到的错误资源，教师不要轻易地判断对与错。首先要用激励性的语言肯定学生的积极参与，让他们敢于发表自己的独立见解；然后优先让出错者说出自己的思路；最后以此为契机，组织学生进行辩论，让学生在争辩中分析、在争辩中反驳、在争辩中悟理、在争辩中内化知识和获得正确的方法。

例如，有名教师在教学"分数的初步认识"时，让学生判断"把一个圆分成两份，每份是它的二分之一"这句话是否正确，认为对的和错的学生约各占一半。这时，她没有做出评价，而是抓住时机组织正反两方进行辩论（认为对的为正方，认为错的为反方），正方拿出一个圆对折一下，问："是不是分成了两份？"反方："是。"正方："每份是不是它的二分之一？"反方："是。"正方："那这句话对不对？"反方拿出一个圆随便折一下，问："是不是分成了两份？"正方："是。"反方："每份是不是它的二分之一？"正方："不是。"反方："那这句话对不对？"正方："不对。"这样，让学生就错论错，在争辩中逐步感悟真理，发展探究能力和思辨能力。

2. 借错拓新，在赏识中创造奇迹

新课程强调教学的生成性，要倾听学生的声音，要把课堂中的意外变为教学资源。对于在课堂中思维积极、敢于打破常规而出现的差错信息，教师应充分认识它的宝贵价值，进行巧妙评价、挖掘利用，让这些有价值的差错资源成为学生创造奇迹的"金钥匙"。

例如，一名教师在教学"分数的初步认识"时，组织学生运用手中的纸片折出 1/2，却发现一名学生折出了 1/4。她抓住这一差错资源，让这名学生说一说折的过程及纸片 1/4 的含义，并进一步让全班同学展开评价。其他学生有的说"这是故意与老师作对"，有的说"该罚"。这名老师说："同学们，你们就没有别的想法了吗？"或"我觉得他特别会创新。""同学们，你们想听一听老师的评价吗？"学生回答"想！"老师走到这名学生面前说："我真的很欣赏你呀，你这样的学习就叫作积极的学习、主动的学习、很有创造性的学习。"听了老师的评价，这名学生露出了灿烂的笑容。于是有的学生说："老师，我从他那里受到启发，也能创造许多分数……""那你们就去创造吧！"接着，学生纷纷创造了许多分数。正是教师真诚的评价给了这名敢于出错的学生莫大的鼓舞，又通过挖掘"错误"资源，激发了全体学生的创造热情，从而使学生树立了正确的"错误观"，感悟"出错"并不可怕，明白"出错"可能是创造奇迹的先导。

（三）思"错"——相得益彰

反思是一种主动"再认识"的过程，是思维的高级形式。反思能更好地寻找存在的问题，纠正教学中的失误。积极培养学生的反思习惯，对于巩固和深化教学成果往往事半功倍；而"学习＋反思＝专业成长"早已成为广大教师的共识。"教学相长"要求教师学会反思错误，让师生在课堂中相得益彰、共同成长。

1. 学生反思，走向数学化

让学生带着问题进入教室，带着更多的问题走出教室是我们追求的一种理想境界。反思能让学生学会用数学思维思考，提升自己的数学水平。课后，教师要引导学生对课堂上出现的差错进行反思：为什么会发生这样的差错？哪些差错是不该犯的？哪些差错是可以克服的？哪些差错是可以自己纠正的？

例如，在一次练习课上，我让学生做四道文字题，其中有两道题列式时应加括号，有部分学生把括号丢了，而且不止一次犯同样的错误。下课后，我让这些出错的学生想想：为什么总犯同样的错误？反思后，多数出错的学生说是做题时不够认真，没有考虑运算顺序，做错真可惜。这样，通过引领学生体验错误、反思错误，促使学生学会运用数学思维去思考。

2. 教师反思，走向专业化

反思是教师自我教育、成长的最佳途径。有时教师在教学中应该感谢学生的错误，因为如果学生不犯错误，教师就不能及时发现学生的思维差错、知识缺漏，也不能引导学生解决问题，更不能发现自己的教学偏差。因此，对于课堂上出现的差错，特别是学生存在的普遍性差错，教师在课后要进行深入的反思：是不是自己所提的问题没有针对性，使学生无从答起而导致差错；或是所提的问题不符合学生的最近发展区而导致学生出差错；等等。

例如，有名老师教学"平面图形的认识"时，出示情境图（图上画有房子，房身为长方形，房顶为三角形，窗户为长方形，门为长方形……）后，提问："从图上你发现了什么？"学生回答："我发现了烟囱""我发现了门上有一把锁"……十几分钟过去了，还没有学生的答案涉及几何图形。反思这一教学案例，学生出现差错的原因是教师所提问题没有针对性，以致学生答不到点子上。如果教师所提问题是"从图上你发现了什么数学信息？"我想学生很快就会发现图上有长方形、三角形等。因此，教师要学会反思，让学生的差错成为推动教师改进教学的有力工具，促进教师不断走向专业化。

总之，失败是成功之母。错误是正确的先导，是通向成功的阶梯，是创新火花的闪现。对于课堂上的差错资源，教师不要轻易地让它们走开，而要善于捕捉并充分利用这些"宝藏"，从而让课堂因为有了差错而更显生机勃勃，让师生因为有了差错而更能张扬个性。

第三节　丰富生态教学方式

丰富生态教学方式是构建小学数学生态课堂的重要手段。传统的教学方式往往注重知识的灌输和机械的训练，生态教学方式则更加注重学生的主体性和主动性。教师可以采用多样化的教学方法，如生本教学、对话教学、体验学习、做中思考及问题引领等，让学生在轻松愉快的氛围中学习数学，促进学生全面发展。

（1）生本教学。这种方式强调学生的主体性，教师在教学过程中起引导和辅助的作用。教师可以设计教学活动，让学生主动参与到数学学习中，如通过小组讨论、学生讲解等方式，让学生在探索中发现问题、解决问题，从而培养他们独立思考和自主学习的能力。

（2）对话教学。这种方式鼓励教师和学生之间交流与互动。通过对话，教师可以了解学生的学习需求和学习难点，进而调整教学策略；同时，学生能在对话中表达自己的观点和疑问，进一步加深对数学知识的理解。对话教学不仅有助于提高学生的表达能力，还能培养他们的合作精神和批判性思维。

（3）体验学习。这种方式注重让学生在实践中学习和体验数学。教师可以设计一些与生活实际相关的数学活动，如测量、统计等，让学生在操作中感受数学的魅力。体验学习能够激发学生的学习兴趣，提高他们的实践能力，使他们更好地理解和应用数学知识。

（4）做中思考。这种方式强调学生在动手操作过程中进行思考。教师可以提供一些数学工具和材料（如拼图、搭建积木等），让学生自己动手操作，通过操作来发现数学规律和问题。这种方式能够帮助学生将抽象的数学知识转化为具体的操作经验，提高他们的思维能力和解决问题的能力。

（5）问题引领。这种方式通过提出问题来引导学生进行思考和学习。教师可以设计一些富有启发性的问题，让学生围绕问题进行探究和学习。问题引领能够激发学生的学习兴趣和好奇心，促使他们主动寻求答案，从而培养他们的创新思维和解决问题的能力。

以上教学方式都是丰富生态教学的重要方式，它们可以相互融合、相互补充，共同构建一个充满活力和创新的小学数学生态课堂。通过实施这些教学方式，教师可以更好地满足学生的学习需求，促进他们全面发展。

一、生本教学构建生态课堂

新课程理念就像一阵海风，不断冲击我们的课堂教学；也像一名年轻的开拓者，不断给我们带来神采和活力。学生是有生命的人，他们渴望获得自由、获得发展，那么课堂也应该具有思想和活力。这就要求教师关注学生的个体差异和不同的学习需求，精心设计教学过程，给学生预留探索创新的时空，要创造"海阔凭鱼跃，天高任鸟飞"的环境，营造活跃的课堂气氛，让学生的禀赋和潜能得以充分发挥，展现生命的活力。下面就如何通过生本教学创造充满生命活力的课堂，谈谈我的几点做法。

（一）创设问题情境，让学生"活"起来

苏霍姆林斯基指出，如果教师不想方设法使学生产生情绪高昂和智力振奋的内心状态，就急于传授知识，那么这种知识只能使人产生冷漠的态度，而不动情感的脑力劳动就会带来疲倦，没有欢欣鼓舞的心情，学习就会成为学生沉重的负担。这就要求教师认真钻研教材，深入挖掘知识的内在规律和新旧知识之间的相互联系，充分了解学生已有的认知结构，通过巧妙的形式把数学特有的严谨、抽象、简洁、概括等属性体现出来，引发学生的学习兴趣，诱发学生的积极思维活动，让学生在生动、具体、现实的情境中学习数学。

例如，在教学"0 的认识"时，我创设了"小猫钓鱼"的故事情境：一天，多多、乐乐、平平和气气四只小花猫一起到河边钓鱼（课件出示四只不同表情的小猫头像），回来的时候，多多很开心（出示课件：多多钓到 3 条鱼），你知道为什么吗？用几表示呢？乐乐也很高兴（出示课件：乐乐钓到 2 条鱼），为什么呢？用几表示呢？平平也觉得还不错（出示课件：平平钓到 1 条鱼），为什么呢？用几表示呢？可是，气气却是满脸的不高兴（出示课件：气气没钓到鱼），为什么呢？原来是因为气气没钓到鱼，那用数字几来表示呢？这样，以趣导入，设悬引思，使学生对学习"0 的认识"产生浓厚的兴趣，活跃学生的思维。

又如，教学"认识人民币"时，在学生认识了人民币后，我设计了一个"换钱"的游戏。我说："老师手中有 1 张 1 元币，想和你们换角币。

你们愿意吗?"

学生齐声回答:"愿意。"

我说:"怎样换才能使双方都不吃亏?"

接着便组织学生同桌讨论,各组也纷纷汇报自己的想法。

生 1:"我要用 2 张 5 角的和老师换。"

生 2:"我用 10 张 1 角的和老师换 1 元,因为 1 元等于 10 角。"

生 3:"我拿 5 张 2 角的和老师换 1 元。"

生 4:"我先拿 1 张 5 角,再拿 2 张 2 角、1 张 1 角的和老师换,行吗?"

…………

这种宽松的课堂氛围使所有学生都受到感染,他们各抒己见、毫不相让,课堂气氛异常活跃,充满了生机与活力。

（二）调动多种感官,让学生"动"起来

《义务教育数学课程标准》(2022 年版)指出:学生的学习应是一个主动的过程,认真听讲、独立思考、动手实践、自主探索、合作交流等是学习数学的重要方式。因此,在数学课堂教学中,要创设让学生动手实践的情境及环节,调动学生的多种感官参与学习。教师要为学生开展动手实践留足时间和空间,放手让学生大胆尝试、大胆实践,让学生在课堂上积极思维、开动脑筋、动手操作、动脑动口,逐步发展学生的自我探究能力,并且适当地进行小组交流与合作,让他们在实践活动中发现、探索、理解、掌握、运用新知识。

例如,在教学"三角形面积计算"时,教师可以先让学生回忆平行四边形面积的推导过程,即利用割补法把平行四边形转化成长方形推导其面积,引导学生思考三角形面积能否也设法转化成学过的图形。接着让学生拿出事先准备好的三角形,小组合作,剪一剪、拼一拼、议一议。在拼图和讨论过程中,学生发现完全相同的两个三角形可以拼成一个平行四边形,从而初步感知三角形与拼成的平行四边形的关系,再让学生测量三角

形的底、高与拼成的平行四边形的底、高，从而自己归纳出三角形面积等于与它等底等高的平行四边形面积的一半，即"底 × 高 ÷ 2"。在这样的教学过程中，自始至终都由学生动手操作，亲自探究三角形面积的推导过程，不仅有助于学生掌握三角形面积的计算方法，而且能充分调动学生学习的积极性，进而促进其学习能力的发展。

又如，在教学"角的度量""画角"之后，学生掌握了用量角器量角的度数及画角的一般方法，教师可以再提供机会让学生动手操作，促进求异创新。要画出 120° 的角，学生一般都要借助量角器和三角板。在此基础上，我提出问题："不用量角器，你们能准确地画出这个角吗？"学生带着问题又进入愉快的动手操作、实验探求之中。很快，他们发现了两种画法：用三角板的直角和一个 30° 的角拼起来画，能得到 120° 的角；用两个三角板 60° 的角拼在一起来画，能得到 120° 的角。学生通过自己的实验创新了方法，得到同学的认同和教师的表扬，享受了成功的喜悦。此时，我再出示问题："还有新的画法，看谁能最先发现？"这样，学生的积极性更高，又争先恐后地展开了操作探索，结果发现并学会了另一种方法：用三角板的一边（或直尺）和另一个三角板 60° 的角拼在一起可以画出 120° 的角（即用一个平角减去 60°）。不同角度的提示，为学生提供了展示风采的机会，这样的课堂也能迸发出无限旺盛的活力。

（三）张开想象翅膀，让学生"飞"起来

想象是思维探索的翅膀，是发明创造的前提。正如爱因斯坦所说："想象比知识更重要。因为知识总是有限的，而想象概括着世界的一切，推动着进步，并且是知识进步的源泉。"因此，教师应十分注重和善于挖掘学生自由想象的潜能，培养学生丰富的想象力；要根据教材潜在的因素，创设想象情境，提供想象材料，引导学生进行有效、合理的想象。

例如，"用七巧板拼图"是一个开放性的游戏活动。在进行活动时，教师重在方法指导，让学生先模仿、后合作，再独立进行拼图，充分发挥联

想、想象，从而拼出几何图形、动物、建筑物等多种图案。这样，既能发展学生的空间观念、丰富学生的想象力，又能培养学生的发散思维和创新意识。

又如，教学"圆的面积"时，我引导学生把圆剪成 16 等份，拼成近似的长方形；再借用电脑课件显示把圆分成 32 等份、64 等份后拼成的图形。引导学生思考：如果使图形变得更接近长方形，该怎么办？如果把圆分成 128 等份，拼成的图形会怎样？如果把圆分成 256 等份，拼成的图形又会怎样呢？如果一直这样不断地等分下去，剪拼后的图形将是什么情形呢？通过思考、想象，启发学生得出结论：等分的份数越多，拼成的图形越接近长方形；如果无限分割，那么圆就能转化成一个长方形。这样，把学生理解中的难点——近似长方形的长由曲线变成直线的动态过程，运用启发性语言，激发学生展开想象，化抽象为具体，使学生较形象地获得丰富的感性材料，并在其中渗透极限思想。整个教学过程将操作、观察、演示和想象融为一体，既让学生获得知识，也获得探求知识的方法，同时让学生丰富的想象力得以发挥。

（四）多种措施激励，让学生"乐"起来

《义务教育数学课程标准》（2022 年版）指出：评价不仅要关注学生数学学习结果，而且要关注学生数学学习过程，激励学生学习，改进教师教学。根据学生的年龄特点，教师在教学中要及时发现学生身上的闪光点，给予及时的表扬与鼓励；要关注每一名学生的每一件"小事"，赏识学生在情感、态度、价值观等方面的积极表现，对学生实施多种激励措施，充分调动他们学习的积极性、主动性；要让学生在数学学习活动中获得成功的体验，树立学习数学的信心，使课堂成为他们快乐学习的乐园。

首先，要善于发现学生的优点并经常提出表扬。例如，有的学生在回答问题时声音很小，教师可以微笑着对他们说："你的声音如果能再大一些，全班同学就能听见，这样不就更好了吗？"当看到学生有进步时，教

师可以说："你真棒！有这么大的进步，老师真为你高兴。"教师在课堂中还可以使用体态语言，包括表情、手势、眼神等。有的学生由于胆子比较小或情绪激动，当叫他回答问题时，会把要说的话给忘了，这时，教师可以顺势走过去抚摸他的头，给他力量，并微笑着对他说："想好了再说，好吗？相信你一定能行。"而更多的时候，教师可以用眼神跟学生进行交流和评价。这些富有激励性的艺术化的评价语言和丰富得体的体态语言，无不让学生感到心灵舒畅，从而增强学生学好数学的信心，促使其发挥自己的聪明才智，真正体验学习的快乐。

其次，口头奖励和物质奖励相结合。我经常会带些小红花、小红旗、红五星、贴纸等奖品到课堂，以激励学生积极参与到学习活动中。学生为了得到这些奖品，表现得非常积极。还可以把个人荣誉和集体挂钩，培养学生的团体协作精神。每个小组都有一架模拟的"梯子"，"梯子"的顶端是一面小红旗，哪个小组的成员有进步，他们小组的梯子上就会多一个脚印，哪组最先攀上梯子，就获得胜利。学生很喜欢这种奖励措施，都想让自己的小组快快爬到最高处，摘得小红旗。这样灵活多变地采用多种激励的做法，能进一步激发学生的学习兴趣，激活学生的快乐因子，从而让学生在有限的课堂中焕发生命的活力。

二、对话教学构建生态课堂

数学课堂教学是教师和学生围绕教材进行"对话"的过程。新教学理念倡导在教学过程中建立民主、平等、和谐的对话关系，使教师、学生、教材和环境之间激荡起心灵共振的效应。完成"学生—教材、学生—学生、教师—学生"的对话交流，以激起思维碰撞，取得心灵沟通、情感共鸣的教学效果。

（一）生本对话，课堂生命之源

生本对话是学生主体意识与课本之间互相交流、双向互动的过程，既不是单向的知识传递和接受过程，也不是被动地接受课本的内容知识，而是要以自身的生活经历赋予课本新的价值和新的内涵。在课堂上，学生通过教材各抒己见、探索问题、相互启发、取长补短。走出课堂后，学生收获的不只是知识，更重要的是懂得如何去掌握知识，如何在社会大环境中张扬个性、超越自我，让"静态"的教材在学生创造性的延伸拓展中，焕发出更加鲜活的生命力。

1. 引导学生乐于与文本对话

对话是教学活动的重要特点。由于学生的个性存在差异，因此他们对文本的理解是多种多样的，如果学生与文本的对话只停留在个体的理解上，那么就达不到提升学生思维的目的。对话中的质疑和解惑，是学生对文本不断进行叩问、获取意义的过程，是真诚地展示自我、丰富自我，愉悦地接纳别人的过程。因此，可设置一个"互助论坛"，让学生乐于展开与文本的对话。下面以"判断下题中的两个量成什么比例关系"为例，谈谈互助论坛的操作流程。

师：长方形的周长一定，它的长和宽是什么关系呢？

生 1："有的说成反比例关系，有的说不成比例，老师，到底成什么关系呢？"

师："是啊，到底成什么关系呢？你们能说出各自的理由吗？"

生 2："成反比例，因为（长＋宽）×2＝周长，周长一定。"

生 3："不是的，周长一定，周长除以 2 也一定，那么就变成长与宽的和一定了，因此不成比例。"（现场对话）

师："听了两名同学的理由，现在你认为谁的理由更有说服力呢？"

生："第三个同学。"

师："是啊，（长＋宽）×2＝周长（一定），虽然看起来像是积一定，但实际上长方形的周长是指四条边的总和，它是和一定，不是积一定。因此，我们在判断是否成正反比例时，不能被表面现象所迷惑，一定要根据正反比例的意义做出正确的判断。"（教师引领）

"互助论坛"为学生提供了同伴互助、相互学习的好机会。他们以开放、坦诚的心态共同展开平等、深入的对话，这是确保学生与文本有效对话的内在要素。在"互助论坛"中，他们可以聆听多方面的意见和建议，进行自我认识、行为等方面的提高和调整。教师以一个"平等中的首席者"的姿态介入，引领学生对话，让学生去辩护、去思考，催生出一个又一个新的观点。

2. 引领学生善于与文本对话

教材是教学的重要依据和材料。小学数学教材上的知识极富典型性和代表性，是学生获取数学系统知识的主要来源。教师要引导学生走进教材、研读教材，与教材展开对话，分析和研究重点字、词、句，以培养学生良好的学习习惯和扎实的自学能力。

例如，我在教学"分数化成百分数"的一般方法后，让学生研读教材：把分数化成百分数，通常先把分数化成小数（遇到除不尽时，通常保留三位小数），再化成百分数。读后，师生之间展开以下对话：

师："在这段话中，有一个词挺特别，你发现了吗？你能提出哪些问题？"

生1："这里为什么要用两个'通常'？意思相同吗？"

生2："第一个'通常'的意思是，如果分母扩大若干倍或缩小到原来的几分之几，可以直接把分数化成百分数，如$1/5=20/100=20\%$，$28/400=7/100=7\%$。"

生3："第二个'通常'的意思是，分子除以分母除不尽时，一般保留三位小数。'通常'之外是指有特定要求时，应按照要求保留小数位数。"

两个"通常"体现了数学定义的简约性和严密性。课堂以"通常"为突破口，与教材这一文本展开对话，使学生对数学定义的固有内涵和丰富外延有个性化的领悟，数学知识的意义在逻辑对话中得以构建和生成。

3. 引发学生敢于与文本对话

目前，在小学数学课堂中，学生还不敢提出与教师不同的见解，更不敢否定教材的解法。因为他们深信，教师是知识渊博者，教材是专家编写出来的，不会有错误。在新课程标准实施的今天，数学教学要创造平等对话的平台，尤其应创设让学生大胆提问的时间和空间，鼓励学生敢于质疑问难、敢于说出自己的独特见解。

例如，在教学"估算"时，我出示算式"215+192=？"让学生根据已有的知识经验来尝试练习，然后让学生交流自己的算法。

生 1："215 接近 220，192 接近 190，所以 215+192 约等于 410。"

生 2："215 接近 200，192 接近 200，所以 215+192 约等于 400。"

生 3："215 接近 200，192 接近 190，所以 215+192 约等于 390。"

生 4："215 接近 220，192 接近 200，所以 215+192 约等于 420。"

我对这几名同学的算法都给予了肯定，虽然他们的解法跟书上的不完全一样，算法也不是那样精确，但我还是对他们这种敢于对教材、对权威质疑的精神给予了表扬。这样，学生在不断的质疑争议中，学会用辩证的眼光看待数学问题，并能逐步提高数学素养。

因此，在教学中，教师要想尽办法让学生"会对话、想对话、敢对话和乐对话"，让学生在与文本的对话中展开思与思的碰撞、心与心的接纳、情与情的交融，建构新的认知结构，提升自己的数学素养，从而成为一个会学习的人。

（二）生生对话，课堂生命之水

生生对话的过程，是学生与学生思想碰撞和观点交锋的过程，更是他们追求真理、探求真知、相互理解和欣赏的过程。在生生对话过程中，学生之间能相互弥补，从而使学习变得更有趣，并且富有创意，以提高其交流、合作、沟通的能力。因此，在数学教学中，教师应为学生创设一个平等说话的时空，让学生大胆、主动地"说"，说出具有创见的数学语言，从而为课堂注入生命之水，使知识源源不断地在对话中生成。

1.应用性地"说"

公民的数学修养，最为重要的标志是看他如何理解数学的价值，以及能否运用数学的思维方式去观察、分析日常生活现象，去解决可能遇到的现实问题。数学教学要重视与学生生活相联系。因此，数学"说话"训练的内容也应体现这一要求。学生在用数学语言描述日常生活现象时，也往往散发出创造性的光芒。

例如，教学"平移"时，由于"平移"对学生来说是一个全新的概念，但学生在生活中，早已有意或无意地接触过一些"平移"现象，因此，在弄清概念后，我安排了一个"介绍生活中的平移现象"环节，让学生说说自己见过的平移现象，学生纷纷举起了小手。

生1："推拉窗户是一种平移现象。"

生2："推拉抽屉是一种平移现象。"

生3："升国旗是一种平移现象。"

生4："电梯上升是一种平移现象。"

生5："拉窗帘是一种平移现象。"

学生在用数学语言描述他们所熟悉的生活数学时，对知识的理解从感性上升到理性，不仅知道数学来源于生活，又被广泛应用于生活，从而体验数学的文化价值和应用价值，而且培养了其实践能力和创新意识。

2. 自主性地"说"

新的教学方式倡导以学习小组为单位，通过组员之间的对话自主探索知识，让学生自由、自主地争鸣，讨论他们认为有趣、有意义的知识。

例如，教学"正方形的周长"时，学完周长的概念后，我出示了一个正方形，并要求学生计算出它的周长，随后布置小组合作学习提纲：①你打算量出它的所有边长吗？请说明理由。②求周长，你们小组会有哪几种算法？请全部列出来。③讨论一下，哪种算法比较简便。④用比较简便的算法求出边长是8分米的正方形的周长。然后我给学生充足的时间和空间进行生生对话，让小组成员围绕学习提纲充分发表自己的意见，在一种很自然的交流状态下释疑解惑。这种设计为学生提供了对话的机会，为其创造了一片畅想的时间和空间，也给沉闷的课堂注入了一股清风，直吹学生的心田。

3. 开放性地"说"

求异思维、发散性思维是创造性思维发展的基础。要求异，必须富于联想，好于假设、怀疑、幻想，要追求尽可能新颖、尽可能独特，即有与众不同的思路。因此，在数学教学中，教师不能只依据教材或教参上提供的方案或按照自己的思维方式进行教学，这样往往会限制学生"说"的情况，抑制学生求异思维、发散性思维的发展。数学课堂教学要鼓励每一名学生去大胆尝试、勇于求异，以激发学生的创新欲望。

例如，学生在学习"分数应用题"时，有一道习题：修路队修一条3600米的公路，前4天修了全长的1/6，照这样的速度，修完余下的工程还要多少天？在学生找到基本解题思路后，我引导学生从不同的角度思考、用不同的方法去解答。学生在独立思考、合作探究的基础上，用数学语言说出如下解题方法：

解法 1：$3600 \div (3600 \times 1/6 \div 4) - 4$。

解法 2：$(3600 - 3600 \times 1/6) \div (3600 \times 1/6 \div 4)$。

解法 3：$4 \times [(3600 - 3600 \times 1/6) \div (3600 \times 1/6)]$。

解法 4：$1 \div (1/6 \div 4) - 4$。

解法 5：$(1 - 1/6) \div (1/6 \div 4)$。

解法 6：$4 \times (1 \div 1/6 - 1)$。

4. 评价性地"说"

在交流对话中，学生不仅要认真听取别人的意见，而且要学会正确评价他人和自己。教师要给学生创造评价的机会，使评价过程成为学生主动参与、自我反思、自我教育、自我发展的过程。

例如，教学"分类"时，我出示课本中"怎样分"的图片，让学生把图片上的人分一分。许多学生发表了意见：有按家庭分的，有按大人小孩分的，有按头发分的，等等。当学生都认为已不能再分的时候，一名学习比较困难的学生说："还可以分，按出公园和进公园，还可以分两类。"其他学生都用异样的眼光看着他。我抓住时机，让学生对他的发言进行评价，大家都认为这名同学今天的表现特别棒，很会动脑筋……课后，这名学生找到我，他对自己是这样评价的："老师，我没想到今天会回答得这么好，我真高兴。"我及时鼓励他，并要求他以后多发言、多表现自己。

这样，通过评价，学习成绩好的学生真切地感受到暂时有些困难的同学也有比自己好的地方，只要他们努力，就有可能超过自己，因此自己要更加努力；而学习暂时有些困难的学生也发现自己并不比别人差，从而对学习充满自信和希望。

（三）师生对话，课堂生命之河

平等对话的师生关系，使课堂充满人情味，师生之间不但有言语的沟通，还渗透着心灵的交融。在这个过程中，教师与学生分享彼此的思考、经验和知识，交流彼此的情感、体验与观念，丰富教学内容，求得新的发现，从而达成共识、共享、共进，实现教学相长和共同发展。

1. 彰显动态生成的平等对话

新课程理念要求教师改变传统的居高临下的地位，"蹲下身子"看学生，从而使教学不再是教师一厢情愿的"独白"，而是师生之间进行的一次次真情平等的对话与交流。

例如，教学"用字母表示数"时，我就是采用"对话"的形式进行的。

师："下面我们来举一个大家非常熟悉的生活事例说明一个问题。在我们班，有的小朋友年龄一样大，有的相差一两岁，现在有甲、乙两个小朋友，他们的年龄关系是'甲比乙大1岁'，下面大家猜猜他们的年龄，甲8岁，那么乙几岁？"

生："7岁。"

师："乙11岁，那么甲几岁？"

生："12岁。"

师："甲 a 岁，乙 b 岁，你能看出谁的年龄大吗？"

生："不能。"

师："那么，怎样表示甲比乙大 1 岁呢？"

生："乙为 $a-1$ 岁。"

师："如果乙 b 岁，那么甲几岁？"

生："$b+1$ 岁。"

在这个对话教学中，学生不断利用原有经验背景对新的问题做出解释并进行加工，从而实现了对新的数学知识、数学思想方法的意义建构，这是一个动态开放的生成过程。教师改变以往一厢情愿的"独白"，与学生交流，不难看出这种"对话"的课堂是师生"零距离"的沟通，是师生敞亮心扉、放飞思想的真情对话，是学生个性张扬的舞台，使课堂真正成为孕育发展型人才的沃土。

2. 凸显人文关怀的心灵对话

在数学课堂教学中，师生对话正逐渐代替教师"满堂灌"的教学方式。心灵的对话，实质是师生思想的交流、碰撞，而不存在思想的强硬灌输。在对话场景中，由于充分展开了思与思的碰撞、心与心的接纳、情与情的交融，因此每名学生都能感受到自主的尊严，感受到独特存在的价值，感受到精神相遇的愉悦，感受到心灵成长的幸福。

例如，教学"面积单位的换算"时，学生练习了一组题：8 平方米 =（　　）平方厘米。平时一名学习成绩不是很好的学生是这样做的：8 平方米 =（800）平方厘米。我没有对他的答案加以否定，也没有让其他学生回答，只是问他："你为什么会这样算呢？"这名学生说："这道题是高级单位改写成低级单位，面积单位进率是 100，因此答案是 800。"我马上肯定："好！你看清了这道题是高级单位改写成低级单位，也知道进率是100。现在老师给你一个任务，考虑一下你的得数为什么与别人不一样，想好后告诉老师，相信你一定会成功的。"果然，没过多久，这名学生高兴地举起手回答："我想出来了，我想出来了，平方米和平方厘米之间还有一个平方分米，因此平方米与平方厘米之间的进率是 10000，得数应是80000 平方厘米。"我马上表扬了这名学生，还让其他学生也鼓励他。这样，他的学习积极性提高了，自信心、坚持性、挑战性等个性也在无形中得到了培养。

3. 塑造健康人格的情景对话

现实生活中蕴含大量的数学信息，数学信息中也蕴含大量的数学问题，教师要让学生用数学方法感受生活中的数学问题，在交流与对话中净化思想、规范行为、升华情感，实现三维目标的和谐发展。

例如，教学"比较万以内数的大小"时，我利用学生生活中的知识，把教材上的三个例题穿插在一个故事中。以例题 1（比较 1230 与 965 的大小）为例，我说："我们昨天在体育馆看到小猴子的精彩表演，小猴子骑车骑得这么快，是每天勤奋训练的结果。一只小猴子每天骑 1230 米，另一只小猴子每天骑 965 米，哪只小猴子训练认真呢？"学生陶醉在观看马戏的场景中，对此问题非常感兴趣，不一会儿就把这道题做出来了，学生学得非常开心。有一名学生还说："我们要学习第一只小猴子，它很勤奋，所以骑得那么快。"这时，我再引导学生联系计数单位进行比较，使他们明白"位数不同的数进行比较，位数多的那个数就大"的道理。这样的情景导入，使学生兴趣盎然，同时对他们进行了思想品德教育。

总之，在数学教学中，只有采用"对话"，才能真正实现教师与学生、学生与学生之间的心灵深处的沟通与交流，才会引导双方自由地探究、交往与碰撞。正因为有了"对话"，数学课堂才有了生命的涌动，追寻智慧的旅途才不再是"茫茫荒野上的艰辛跋涉"，教师才可以和学生一起快乐地成长。

三、体验学习构建生态课堂

在数学教学中，教师应该让学生多一些体验，能够主动自觉地通过"体验"和"内省"来实现自主学习，并达到"自我实现"和"个性完善"，培养学生用心灵去体验事实的能力，并在体验中达到情感和理性的升华。

（一）体验趣味——让数学学习更有情致

基于年龄特点，小学生更多地关注"有趣、新奇"的事物。因此，在学习素材的选取与呈现以及学习活动的安排方面，都应当充分考虑学生的实际生活背景和趣味性，使他们感到学习数学是一件既有意思又有趣味的事情，从而愿意探究数学、应用数学。

1. 在故事中体验数学趣味

以生动的故事来引入新课，不仅能集中学生的注意力，还能引人入胜，激发学生的学习兴趣。

例如，上"趣味几何"课时，我首先让学生听一个配乐故事《我国古代的几何学》，并出示挂图。故事的简要内容是：我国古代人已掌握不少几何知识，大禹在治理河流时就用类似三角形的工具——矩进行测量。听完故事之后，我告诉学生这是我们中华民族的骄傲。学生听了这个故事，不仅增长了知识，而且增强了学习数学的兴趣。

2. 在游戏中体验数学趣味

有趣的数学游戏可以激发学生的学习兴趣，激活学生的思维。例如，教学"两步计算的加减法应用题"时，一上课，我就根据学生的爱好，把他们分成几组，每组都由组长安排做游戏。几分钟后，根据学生的要求，各组调换人员，再做游戏。调换后，有些组的人数发生了变化：先减少几人，又增加几人。这时我让组长汇报本组人数变化的情况。学生在游戏中亲身感受本组人数发生两次变化的情形，为学习两步计算的加减应用题提供了心理需求和积极情绪的必要条件。

3. 在操作中体验数学趣味

在教学中，教师要注重放手让学生实践操作，使学生在动脑动手的活动中培养操作能力，激活思维。例如，教学"圆柱、球"时，我让学生参加搭积木比赛，学生充分发挥自己的想象力，搭出了聪明的机器狗、精美的小屋等形体，然后在全班展示。我还让小组长当评委，评出班里的"小小设计家"。这样，学生在搭积木比赛中，既感受到圆柱、球的形体特征，又在操作活动中体验到学数学的乐趣。

（二）体验美感——让数学学习更有风采

我国著名数学教育家徐利治认为，作为科学原理的数学，具有一般语言文学与艺术所共有的美的特点，即数学在其内容结构和方法上也都具有自身的某种美。如数学概念的简单性、统一性，结构系统的协调性、对称性，数学命题和数学模型的概括性、典型性和普遍性，还有数学中的奇异性等都是数学美。教师应通过精辟的分析、形象的演示讲解、巧妙的启发、严密的推理、生动的语言、精心的设计，不断揭示数学中美的因素，给学生以美的享受与熏陶。

1. 体验数学的对称美

对称是形式美的要求，它给人以圆满、匀称平衡、稳重和沉静的感觉。例如，教学"轴对称图形"时，教师可以引导学生观察周围的景物，并联系平时看到的事物，说说有哪些是对称图形。通过对这些物体及图形的观察、分析、研究，使学生在学习知识的同时，感受到数学的对称美。

2. 体验数学的简洁美

简单性是数学美的基本内容，数学具有形式简洁、有序、规整和高度统一的特点。许多纷繁复杂的现象可以归纳为简单的数学公式。例如，各种各样三角形的面积可以统一用一个公式表示：$S=ah \div 2$。又如，用字母表示运算定律，加法交换律写成：$a+b=b+a$；乘法交换律写成：$ab=ba$。这些不论是从结构上或是形式上，都能让学生感受到言简意赅的简洁美。

3. 体验数学的和谐美

数量的和谐、空间的协调是构成数学美的重要因素。例如，加、减、乘、除的运算意义和各部分构成一个整体之间的相依、相反关系，从横向来分析，加与减、乘与除之间存在着可逆的关系；从纵向来分析，加与乘、减与除之间又存在着互相转换的关系，除法可以转化成乘法，乘法也可以转化为除法。学生能从这种和谐关系中，真正地感受到数学知识的和谐美与结构美。

（三）体验数感——让数学学习更有灵性

《义务教育数学课程标准》（2022 年版）指出：数感主要是指对于数与数量、数量关系及运算结果的直观感悟。数感是人的一种基本的数学素养，是理解数和应用数进行有效运算的能力，是自觉地运用数学的思想方法对具体问题进行分析处理的能力。它是建立明确的数概念和有效地进行计算等数学活动的基础，是将数学与现实问题建立联系的桥梁。

1. 在数的概念中培养数感

小学生的生活经历中处处充满着与数相关的活动，培养他们的数感，就是让他们感知周围的世界有着数量化的意味。因此，在认数过程中，可以引导学生联系自己身边的事物说数，让他们感到数就在身边，自己每天都跟数打交道。例如，在购买学习用品时，要读懂标价，钱款都是有具体意义的数；个人资料（如生日、身高、体重、鞋号等）都是一个个具体的数；门牌号码、电话号码、摩托车号码等都是由数组成的；等等。通过引导学生对这些具体数进行感知和体验，能加深学生对数的意义的理解，为建立数感打下良好的基础。

2. 在具体问题中培养数感

结合具体的问题选择恰当的算法，能增进学生对运算实际意义的理解。例如，教学"面积和面积单位"时，我是这样设计的：老师正在装修家里房子，请学生帮老师布置客厅。当学生提出可在客厅地面上铺上瓷砖（地板革、地毯等）时，我提问："如果在地面上铺上瓷砖，要求知道瓷砖的什么数据？用什么单位来测量？能用长度单位来测量吗？"这样的提问能让学生在解决具体问题中了解数学的概念，培养数感。

3. 在数的运算中培养数感

算法多样化是数学学习的新理念，运算方法的选择与学生的数感有着密切的联系。例如，教学"两位数加法"时，我用情境引出算式"34+16"后，并不急于教给学生怎样算出这个算式的得数，而是让学生试着算出这道算式的得数。有的学生用小棒摆，有的学生在计数器上拨动小算珠，也有的学生根据以前学过的竖式法则试着计算。虽然学生动手、动笔操作时不一定十分规范，但是只有他们经历了这个知识形成的过程，才能更深刻地体会到进位加法的算法意义。

（四）体验价值——让数学学习更有意义

"有价值的数学"应该与学生的现实生活密切相关，是对他们有吸引力，能使他们产生兴趣的内容。因此，在教学中，教师应注意引导学生把数学学习与生活、周围环境联系起来，让学生在生活中学数学、用数学，在生活中去感受、去验证、去应用、去实践，从而在发现知识、理解知识、掌握知识、解决问题的过程中体验数学的价值、理解数学的意义，激发学生学习数学的兴趣。

1. 在日常生活中体验数学的价值

学生应从自己熟悉的生活中发现数学、掌握数学和运用数学，在学习过程中体验数学与周围环境的联系，以及数学在社会生活中的作用和意义。例如，教学"元、角、分"时，我通过创设一个"小营业员"的角色，再现了"买卖物品"的生活片段，使学生在游戏中加深了对人民币元、角、分之间进率的认识。然后，我布置了一个特殊的课外作业：和爸爸妈妈一起到市场买日常生活用品，帮妈妈付钱。第二天交流，说说你是怎样算账的，是否得到了爸爸妈妈的表扬。第二天上课时，学生纷纷描述自己的经历和体会。

2. 在生产劳动中体验数学的价值

数学推动了数字化社会的发展，推动了科学的纵深发展，被广泛应用于现实世界的各个领域。无论是日常生活中的天气预报、储蓄、市场调查与预测，还是在生产劳动中农民的某一块地需要施加多少化肥，一块园地能种多少棵果树，工人一天生产多少产品，合格的产品有多少，等等，都离不开数学的支持。

只有让学生体验到数学存在于现实生活之中，并被广泛应用于现实社会（也就是说，学生只有将数学知识与生活联系起来），学生才能够切实体验到数学的实用价值，他们学习数学的积极性也才能够最大限度地被激发。

四、"做"中思考构建生态课堂

在数学课程的教学过程中，要想提高学生的数学素养，必须使其有足够的数学活动经验的积累。而数学活动经验的积累，需要学生不断地亲身动手"做"并进行独立的思考，只有这样才能使数学活动真正有意义。在数学学习中，只有让学生参与和亲历数学活动的过程，才能使其所获得的知识得到牢固记忆。为此，在教学中，教师应充分发挥学生的主体作用，适时引导学生参与多样化的数学活动，在活动过程中不断积累数学活动经验，提升数学素养，使数学课堂焕发活力。

（一）动手操作，在实践中积累数学活动经验

只有让学生全身心地投入数学活动，通过亲自动手操作，才能真正获得数学活动经验的积累。为此，教师在教学过程中要重视数学活动，让学生参与到活动中并动手操作，从而使学生的数学素养得到实质性的提高。

例如，教学"圆柱体体积"前，我布置了如下思考题：①如何进行圆柱体体积公式的推导？②若将圆柱体转化为长方体，有哪些地方发生改变，哪些地方没有发生改变？上课之后，我指导学生拿出准备好的萝卜进行长方体和圆柱体的切和拼，并进行小组讨论。学生通过实际操作，发现长方体和圆柱体二者之间存在的联系，找出二者在转化过程中没有发生改变的是体积、底面积和高，发生改变的是侧面积、表面积和底面周长。除此之外，学生还得到了其他的收获，发现增加的表面积就是长方体左、右

两面的面积，即圆柱体底面半径与高之积的 2 倍。

这种学生实际动手操作的活动，有助于学生积累"做"数学活动的经验，同时有利于帮助学生锻炼数学思维，向学生深入地介绍转化、比较等数学思想方法，使学生的空间观念得以扩展，进而促成数学智慧的形成。

（二）优化合作，在交流中积累数学活动经验

当前新课程改革的主要方向是引导学生由静态的被动接受向动态的主动探究改变，引导学生在数学活动中与教师、同学进行动态的交流与合作。为此，教师在教学中应活用静态主题图，以学生的实际情况（包括学生所掌握的基础知识和实际经验）为基础，挖掘主题图所蕴含的丰富素材，对主题图重新进行设计和处理。

例如，教材中"分数的初步认识"的插图是两个小朋友在分一块蛋糕，我将它化静为动，要求学生合作平均分四个长方形、一个圆片和两个正方形等。通过在课堂上让学生动手操作"分一分"，为分数的学习做好铺垫，同时引起了学生学习分数的兴趣。在"分一分"完成之后，学生面临把一个圆片平均分成两份，每份可用什么表示的问题，学生争先恐后地提出各自不同的表达方法，有的学生用画"半个圆形"的图来表示，有的用文字"半个"表示，还有的用"1/2"表示。这种合作操作使不同学生的思维相互碰撞，激起学生的探索欲望，因此，教师在课堂中要为学生提供合作交流的平台，帮助学生积累个人操作经验，并对自身经验进行优化和内化，进而丰富数学活动经验。

（三）引导观察，在比较中积累数学活动经验

数学学习中的观察是有目的、有顺序的，在教学中，教师要通过让学生观察相关表面知识，引导学生在观察的基础上进行比较，培养学生发现问题、解决问题的能力。乌申斯基说："观察、比较是一切思想的基础。"在教学这一动态的活动过程中，学生在解决问题时往往会呈现出教师意想之外的材料。此时，教师应把握好这些材料，有选择、有意识地指导学生

进行观察、比较和评价，从而对学生渗透相应的数学思想，促进学生进行数学思考，让学生在数学活动中积累相关的思考经验。

例如，在进行数字"8"和"9"的识数教学时，我要求学生在两个数字后面画出"8个三角形""9个圆形"。大多数时候，低年级学生在进行这项画图练习时，只会画出足够数量的图形，不会进行对应排列，但也有部分学生会进行对应排列。此时，教师应有选择地对学生所画的材料进行分类，并引导学生对有无对应排列的不同画法进行观察、比较。具体的对应排列如图2-2至图2-7所示。

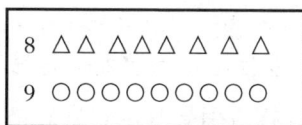

图2-2 首尾对齐排列

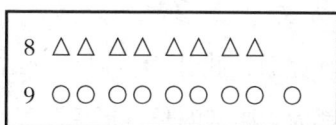

图2-3 上下二对二对应排列

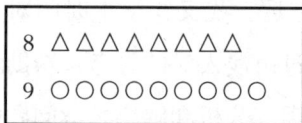

图2-4 上下一对一排列

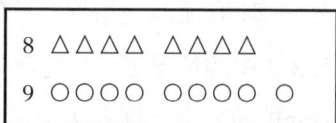

图2-5 上下四对四对应排列

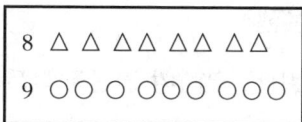

图2-6 无规则排列

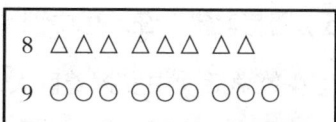

图2-7 上下三对三对应排列

通过比较和交流，学生会认识到对应的数数方法，会明白不仅有一对一，还有二对二、三对三、四对四的对应等。可见，通过引导学生对不同图画进行观察，可以使其学会应用对应排列法快速比较出相应图画的数量。

（四）巧用列举，在分析中积累数学活动经验

数学中的许多问题涉及多种情况，仅用算式不容易表示和解答，需要用列举的方法将所有可能出现的结果列举出来并加以比较，从而获得符合条件的解答。

例如，解"长 16 厘米的铁丝弯成一个边长是整厘米的面积最大的长方形，它的面积最大是多少？"这道题时，我引导学生思考："周长为 16 厘米，长、宽为整数的长方形有哪几种？哪个长方形的面积最大呢？"同时，我引导学生画一张表格（表 2–1），将可能出现的情况一一列举出来。

表 2–1　可能出现的情况

长／厘米	7	6	5	4
宽／厘米	1	2	3	4
面积／厘米^2	7	12	15	16

列举完后，我让学生对几种结果的面积进行比较，学生很容易发现长、宽都为 4 厘米的长方形面积最大。此时我接着引导学生观察表格，提出"长方形的周长相等，面积为什么不一样？""长方形越接近什么图形时，面积最大？""还有无其他情况？"等问题。随后，我又给学生时间对这些问题和表 2–1 中的情况进行讨论和思考，经过由浅入深的思考，帮助学生学会列举分析的数学计算方法，提高学生发现、分析和解决教学问题的能力，积累数学活动经验。

（五）善待差错，在反思中积累数学活动经验

反思在数学活动中发挥着巨大的作用，因此，当学生通过数学活动操作获取相应的经验之后，教师应在教学活动中适时地引导学生进行相关课程和数学方法的回顾和反思。这是因为，学生在数学活动的操作和思考过程中会受到相应的生理、心理和认识水平的影响，必然会出现一些错误。而通常学生出错之处往往是知识的重难点，教师应正视学生的错误，有针对性地引导学生进行错因的反思。例如，在"比例尺"一课中，教材中的题目如下：一块长方形地，按比例尺 1 : 200 画出平面图，长 8 厘米，宽 6 厘米，计算该地的实际面积。学生在课堂上提出以下两种作答方法：

（1）$8 \div \frac{1}{200} = 1600$（厘米），$6 \div \frac{1}{200} = 1200$（厘米），$S = 1600 \times 1200 =$

1920000（厘米^2）；

（2）$6 \times 8 \div \dfrac{1}{200} = 9600$（厘米^2）。

我在课堂中组织学生对算法（2）进行了讨论，学生均认为算法（2）不对，因为比例尺是图上距离与实际距离的比，而非图上面积和实际面积的比。于是我又做了引导："那你们能研究一下图上面积和实际面积的比与题中比例尺有什么关系吗？"学生讨论完，发现图上的面积和实际面积的关系是 1 : 40000，即比例尺的平方，进而学生明白了应如何对算法（2）予以改正（即 $6 \times 8 \div \dfrac{1}{40000}$）。

可见，在教学中，教师对学生出现的错误不能置之不理，而应当引导学生明确产生错误的原因，并反思错误，意识到自己以前在学习中对于相关数学概念的理解不够透彻、在做题中思考不够深入等问题，从而加深对知识的理解。为此，教师要善于捕捉教学中有利的"错误资源"，适时地加以引导，使积累起来的数学活动经验能够更好地为学生所用，提升学生的数学素养。

总之，数学活动经验的积累是提升学生数学素养的必然要求。通过数学活动的引导，帮助学生掌握数学活动经验是数学教学活动的关键所在。教导学生获得基本的数学活动经验是一项长期工程，需要教师在教学中持之以恒、讲究策略，引导学生进行数学活动的亲身尝试和动手操作，在学数学和做数学中不断积累、不断提升、不断完善。

五、问题引领构建生态课堂

核心问题引领下的生态课堂是一种以学生为中心、以问题为导向的教学模式，旨在创建一个充满活力、互动和创新的课堂环境。

（一）核心问题定义

核心问题是指基于核心知识和学生已有经验提出的，能深入学科本质，统领教学环节，引领学生思考，便于学生开展自主、探究、合作学习的关键问题，一般成话题式或问题串式。如果把课比作一个人，那么核心问题就是这个人的心脏，围绕核心问题派生出的问题串及课堂生成的就是这个人的血肉。

核心问题的提出，是相对于课堂教学中那些过多、过细、过繁、过浅的问题而言的。它是指在一节数学课中，依据教材，关注几个问题，这几个问题在教学中能起主导作用，能引发学生积极参与、思考、体验、交流及理解，能贯穿整个数学课堂，从而提高学生的自我学习与综合完善能力。

从微观意义来看，小学数学的核心问题是指一节课或相关的几节课，提炼出相应的核心问题，它指向所学知识的本质，整合教学内容的关键和重点，其他问题由其派生出来，并与其有着内在的逻辑关系。通过它，学生能理解所学知识的要点，并促成其对知识的深刻理解，实现知识的整体建构。核心问题具有一定的思维深度，为了解决它，学生的思维需要经历一番挑战。因此，核心问题是思考的动力，是知识学习的大纲。在教学中，作为引领性问题的核心问题，不宜太多太细，应少而精，并且有足够的思维含金量，能给学生的独立思考提供足够的时间和空间。

（二）怎样提炼核心问题

1. 紧扣数学本质，提炼核心问题

核心问题是课时、单元、知识板块、知识领域中学生需要学习、探究的中心问题。教师应该关注知识本质，着眼学生发展，融通关联，用核心问题引导学生阅读、操作、思考、表达、分享争辩等，经历知识的探索和形成过程，促进学生对所学内容的深刻理解和掌握。

（1）深度解读教材，提炼核心问题。

数学知识不是一个个单独的个体，而是由无数的知识点串成的一个知识体系。这些知识点因其难易程度及学生的学习特点，分布在不同的年级和不同的领域中。因此，教师既可以根据教材的编排，横向对比教材，寻找同一知识点在不同版本中的编排思考；也可以纵向对比教材，寻找同一知识点在

不同学段的学习目标，深度挖掘教材编排意图，在解读教材过程中，立足知识的生长点，寻求新旧知识的联系，从而确定每节课的核心问题。

案例1　倍的认识

苏教版教材情境图中的信息是蓝花2朵，黄花6朵，红花8朵，然后提出一个核心问题：你能比一比三种花的朵数吗？根据学生原有的经验，他们可能会根据谁多谁少及多多少或少多少进行相应的比较。在此基础之上，教材提出还可以这样比较黄花和蓝花的朵数：蓝花2朵圈成一份，那么黄花具有这样的3个2朵，也就是3个这样的一份，因此，黄花的朵数是蓝花的3倍。不约而同的，人教版、北师大版及苏教版教材关于这节课的基础思路是非常相似的。

人教版教材选择的是兔子、白萝卜、红萝卜和胡萝卜。然后，在例题教学时，选择了红萝卜和胡萝卜进行比较。胡萝卜有2根，红萝卜有6根，也就是3个2根，教材有意地把2根放在一起，这个思路相当于苏教版里圈一圈表示一份的思路。最后得出红萝卜的根数是胡萝卜的3倍。通过比较可以发现，其实这两版教材的思路非常相似。

北师大版教材中同样通过主题情景图，首先让学生数出每一种动物各有多少只？接下来通过画一画、圈一圈，将相应的一些实物图抽象出各自的小圆圈，然后通过大的集合圈，圈一圈、看一看，猴子的数量是3只，我们可以看作其中的一份。然后鸭子的只数里有2个这样的一份，所以得出结论：6里面有2个3，6是3的2倍。在此基础之上，也把前面学过的除法移进来，因为6除以3等于2，所以6里面有2个3，6是3的2倍。

横向观察后会发现，其实，这三个不同版本的教材虽然选择的情境不太一样，但是基本的教学线索是相似的，即通过直观图抽象出数学图形，然后在圈一圈、比一比的过程中感受谁里边有几个几，就可以说谁是谁的几倍。但是在比较过程中可以发现，苏教版教材和另外两个版本的教材相比，是从这样一个核心问题上展开的——你能比一比这三种花的朵数吗？其实，苏教版教材从这样的一个问题切入，更多的是想把"倍"这样一个数学概念植根于一个更大的数学背景中，也就是将"倍"这样的数学概念放在两个量相比较这样一个一般的基础之上，由这里生长出来。

在案例 1 中，"倍的认识"的核心问题为：①倍的本质属性是什么？②倍数关系是由谁决定的？

（2）直面认知困惑，提炼核心问题。

孩子天生具有好奇心，充满探寻未知世界的渴望。因而在学习中，他们的内心抱有对所学知识的疑问，这个疑问可能是对未知的困惑或对已知的质疑，教师要充分挖掘学生的困惑点，尝试让学生提出核心问题。教师可以先采用课前谈话、前测、导学单等方式让学生自主提出问题，再汇总学生的问题，归纳提炼本节课的核心问题。值得注意的是，多数学生在刚开始提问题时是比较模式化的，一般围绕"是什么""为什么""有什么用"来提问，因而教师还要关注培养学生的提问能力。

例如，"比的意义"一课的核心问题为：①什么是比？②比和除法、分数有什么关系？③学习了除法、分数，为什么还要学习比？

有些数学教学内容比较多，学生学起来会觉得每个知识都很重要，分开容易忘记，组合起来又容易混淆，特别是单元整理和复习或总复习课。例如，"数的认识总复习"中知识纷繁，包括怎样区分整数、自然数、正数、负数、分数、小数、百分数、计数单位等。在第一课时，针对学生的困惑，教师可以梳理知识点，用核心问题整合知识，化繁为简，培养学生的数感。

"数的认识总复习"一课的核心问题为：①能否把学过的数分类并整理成图表来表示？是用自己的方式整理的吗？②想一想这些数之间有什么联系？（数的分类）数在直线上怎么表示？（数的意义）③在数位顺序表中你读懂了什么？

在解决第一个核心问题时，学生按照不同的标准来分类整理学过的数，精彩纷呈，如图 2-8 所示。

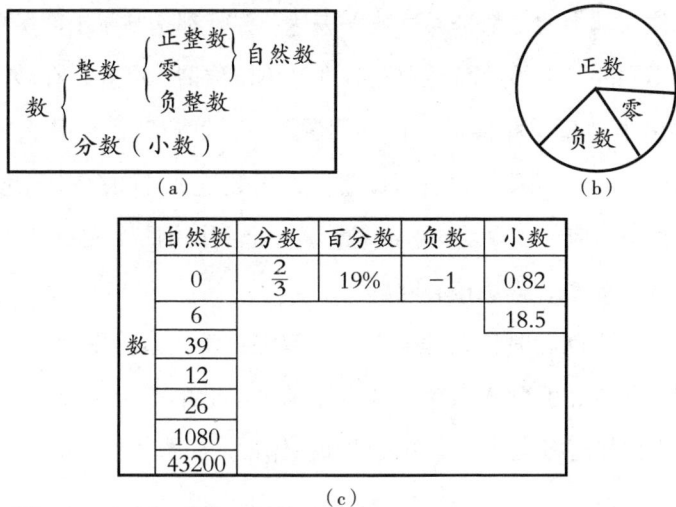

自然数	分数	百分数	负数	小数
0	$\frac{2}{3}$	19%	−1	0.82
6				18.5
39				
12				
26				
1080				
43200				

图 2-8　学生分类整理学过的数

设计核心问题时，首先要思考如何打通新旧知识间的通道，合理使用教材，关联整合，有效提炼；然后思考要怎样构建体系，用"核心问题"来统领相关内容的教学，起到纲举目张的作用。

2. 着眼单元整合，提炼核心问题

《义务教育数学课程标准》（2022 年版）倡导从"教中心"走向"学中心"，基于学生的需要进行教学，体现学生学习的主体地位。教师可以用"结构化"的教学理念，融合调整教学内容，提炼核心问题，设计实施"大单元"教学，让低阶思维走向高阶思维，践行深度学习，发展学生核心素养。

（1）"大"视角，提炼核心问题。

新课标理念下的"大单元"教学内容的确定，既可以按照教材内容组织，也可以按照学科学业发展和学科核心素养发展的进阶来组织，还可以按照真实情境下的学习任务跨学科组织。这时需要教师"跳"出来，俯瞰教材，提炼核心问题。

例如，在小学数学"图形与几何领域"中，对各种图形之间关系的认识——图形的认识与度量，主要是围绕"度量问题"展开的。所有的度量和度量单位，其中的量都是通过数来表达，并且都是基于1度量单位进行表达的，不同的是1的后面必须缀有度量单位称谓。因此，在教学时，应从始至终清晰地指出相应的"核心问题"——度量时需要什么样的标准（统一度量单位），以及如何进行度量（得出数量），同时在整个阶段所有的学习历程中，应不断重复这些问题，真正起到提纲挈领的作用。

（2）"微"聚焦，提炼核心问题。

在提炼核心问题时，教师需要有一双促进学生素养发展的"大单元"教学慧眼。例如，教学人教版四年级下册"小数的意义和性质"单元时，教师可以先用核心概念梳理本单元的知识体系，如图2-9所示。

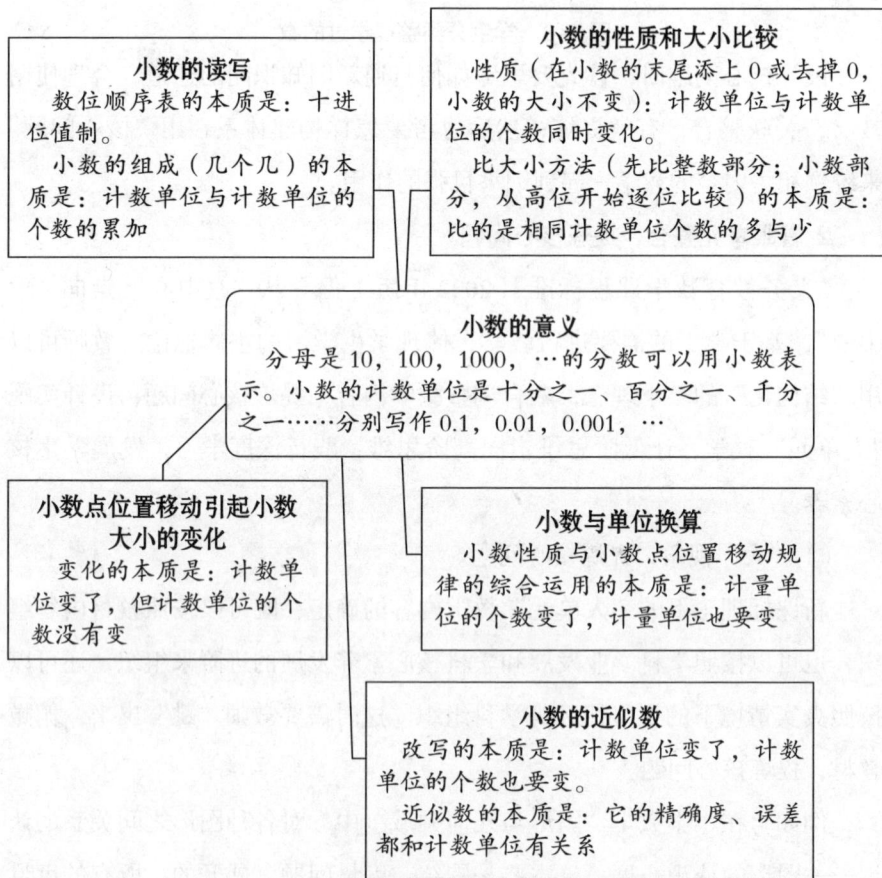

小数的读写
数位顺序表的本质：十进位值制。
小数的组成（几个几）的本质是：计数单位与计数单位的个数的累加

小数的性质和大小比较
性质（在小数的末尾添上0或去掉0，小数的大小不变）：计数单位与计数单位的个数同时变化。
比大小方法（先比整数部分；小数部分，从高位开始逐位比较）的本质是：比的是相同计数单位个数的多与少

小数的意义
分母是10，100，1000，…的分数可以用小数表示。小数的计数单位是十分之一、百分之一、千分之一……分别写作0.1，0.01，0.001，…

小数点位置移动引起小数大小的变化
变化的本质是：计数单位变了，但计数单位的个数没有变

小数与单位换算
小数性质与小数点位置移动规律的综合运用的本质是：计量单位的个数变了，计量单位也要变

小数的近似数
改写的本质是：计数单位变了，计数单位的个数也要变。
近似数的本质是：它的精确度、误差都和计数单位有关系

图2-9 "小数的意义和性质"单元核心概念梳理

然后，在"大单元"分课时设计时，聚焦"核心概念"的梳理图，合理提炼核心问题，见表2-2。

表2-2 "小数的意义和性质"的核心问题

教学内容	核心问题设计
课时 1 小数的意义	核心问题1：为什么要学习小数？ 核心问题2：计数单位间有什么关系？ 核心问题3：学习小数有什么作用？
课时 2 小数的读法、写法	核心问题1：3.65 表示什么意思？结合生活中的情境举例说明。 核心问题2：用数位顺序怎么表示出 3.65？ 核心问题3：你能说说珠穆朗玛峰高 8848.86 米这个数字的含义吗？可以用哪种方式来表示这个数？（计数器、示意图等）
课时 3 小数的性质和大小比较	核心问题1：0.3=0.30，请你用自己喜欢、别人听得懂的方式解释说明。 核心问题2：为什么整数末尾添上零或者去掉零，数的大小发生了变化？
课时 4 小数点位置移动引起小数大小的变化	核心问题1：0.28×100=28，0.28 和 28 之间发生了什么变化？什么变了，什么没变？ 核心问题2：0.7，7，70，700 这四个数之间具有怎样的关系？结合生活实例说一说，你从中发现了什么规律？这个规律和计数单位有什么关系？
课时 5 小数与单位换算	核心问题1：她的身高是 2.26 米，你还能换个说法吗？ 核心问题2：单名数和复名数之间在改写时需要注意什么？
课时 6 小数的近似数	核心问题1：结合调查的信息，说一说你改写的经验，学习改写有什么作用？ 核心问题2：用"四舍五入"法求近似数有价值吗？请举例说明。 核心问题3：一个三位小数四舍五入后是 8.65，这个三位小数可能是多少？

从"大单元"教学的角度，围绕核心概念"计数单位"提炼核心问题，构建知识网络，既体现了知识间的内在联系，又凸显了核心概念的核心地位，可谓一举多得。

（三）怎样探究核心问题

1. 设计结构化数学活动

提炼了核心问题，那么如何让学生紧扣核心问题进行探究？

例如，围绕"倍数关系到底是由谁决定的"这一核心问题设计结构化的数学活动，促进学生对"倍"概念的深刻理解。"倍"是两个数量之间的一种关系，这个倍数关系到底是由谁决定的？在教学中，有名教师围绕这个核心问题精心设计了结构化的数学活动，帮助学生深刻理解"倍"的本质。①胡萝卜不变（1份2根），白萝卜有这样的20，100份，白萝卜是胡萝卜的20，100倍，即标准量相同，表示的倍数关系却不同。可以得出结论：倍数关系不是仅由标准量决定的。②胡萝卜增加1根，此时白萝卜是胡萝卜的2倍，即标准量不同，表示的倍数关系也不同。可以得出结论：标准量是一个比较的对象，这个对象不一样，比较的结果就不一样。③白萝卜12根，比较量相同，表示的倍数关系也不一样。可以得出结论：倍数关系也不是仅由比较量决定的。④标准量和比较量都发生变化，表示的倍数关系却不变。学生在这样一个思辨的过程中感悟倍数关系是由标准量和比较量共同决定的，从而促使其对倍数关系的认识逐渐深入，对"倍"概念的理解也更加全面。

2. 落实"教—学—评"一体化

《义务教育数学课程标准》（2022年版）中对"内容要求"提出"学业要求"和"教学提示"，细化了评价与考试命题建议，注重保证教、学、评的一致性。那么，如何检测是否达成学习目标？

下面结合"多边形的面积"的"大单元"设计实施来说明。

首先，明确"教—学—评"一体化流程，如图2-10所示。

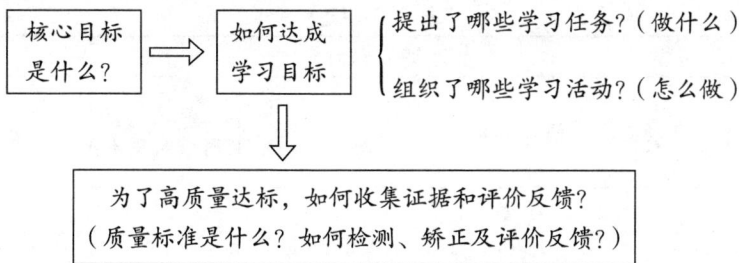

图 2-10　"教—学—评"一体化流程

其次，教学设计也要有所改变。表 2-3 所列为"平行四边形的面积"教学设计。

表 2-3　"平行四边形的面积"教学设计

年级	五年	内容	平行四边形的面积	教师		陈老师
课标描述	核心素养：空间观念、推理能力 单元主题：转化思想					
教材分析	平行四边形是一种相对不规则的图形，其面积的计算有难度。本节课主要让学生回忆长方形面积的计算方法，把平行四边形转化成长方形的面积，得出"平行四边形的面积＝底×高"			学习重点		经历平行四边形的面积公式的推导过程
				核心问题		1.独立思考：为了便于研究，平行四边形可以转化成哪种图形？ 2.思考交流：转化前后的变化与联系是什么？ 3.平行四边形的面积公式是怎样的？你的想法是什么？
学情分析	学生掌握了长方形和正方形的面积计算方法，了解平行四边形的形体特点。可以让其动手实践，体验转化过程，适当采用媒体辅助			学习资源		平行四边形纸片、剪刀等若干
学习目标	1.动手操作，将平行四边形转化成长方形，观察比较转化前后的变化和联系。 2.思考并描述转化前后的变与不变，推导出平行四边形的面积计算方法。 3.基于例题，解决生活中有关平行四边形面积的问题			评价任务		1.能将平行四边形转化成长方形并引发猜想。 2.能说出转化前后的相同点和不同点，并推导出平行四边形面积的计算公式。 3.能利用公式计算例题并解决生活中有关平行四边形面积的问题

表2-3（续）

评价设计			
学的活动	活动要求（问题引领）	行为表现	教的活动（根据预设采取应对策略）

最后，在课末5分钟，做好对应的达标测评，可以分层设计（基础题、达标题、挑战题），让学生根据自己的能力进行合理选择，但全体都要完成达标题。其中，学优生可不做基础题，学困生可不做挑战题。可以采用对答案、同桌互改、小组长批改等多种方式，当堂完成，并整理出存在的共性问题，在下节课上及时查缺补漏。

案例2 "平行四边形的面积"课堂检测

一、基础题：算一算。

计算下面各图形的面积。（单位：分米）

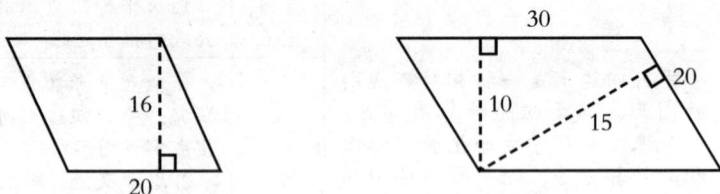

二、达标题：说一说。

有如下图的3个平行四边形。小兰说："它们的面积都是6平方厘米。"你认为她的说法对吗？说一说你的想法。（单位：厘米）

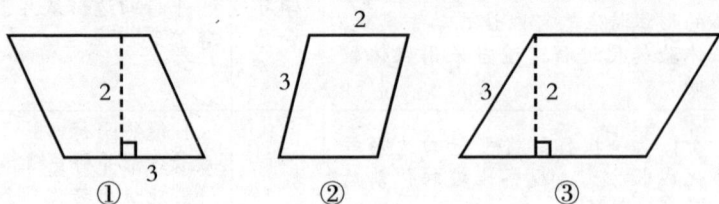

三、挑战题：比一比。

比较下图中各平行四边形的面积，你发现了什么？（单位：厘米）

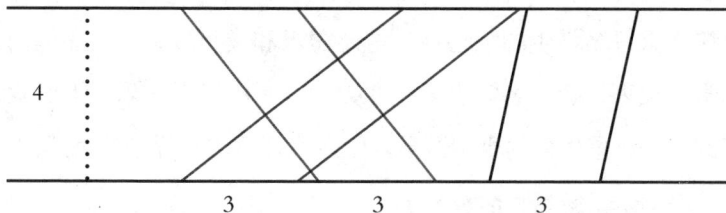

总之，在新课标理念引领下，教师要落实素养本位教学，用核心问题统领课堂。核心问题引领下的数学课堂是开放的、富有生命力的、更具挑战性的课堂。教师应该留给学生更多课堂时间和思维空间，最大限度地把课堂还给学生，让生态课堂真正成为学生学习的乐园、生活的家园，让学生数学素养的提升水到渠成。

第四节　实施生态教学评价

实施生态教学评价是构建小学数学生态课堂的重要保障。教学评价既是检验教学效果的重要手段，也是促进学生发展的重要环节。在生态课堂中，教师应该采用多元化的评价方式，注重学生的个体差异和全面发展。生态教学评价强调尊重学生的生命性，关注教学过程的情感体验，注重课堂作业的创造性和素养导向，以及考试命题的情感化设计。

在实施生态教学评价时，教师还需要注重评价的多元性和综合性，结合学生的自评、互评及家长评价等多种评价方式，形成全面、客观、公正的评价结果。同时，要关注评价结果的反馈和应用，及时调整教学策略和方法，优化教学环境和资源，为学生的学习和发展提供更有力的支持和保障。

一、尊重生命的教学过程评价

在小学数学教学过程中，尊重生命是教育的重要原则之一。这意味着教师应该尊重每名学生的独特性、情感需求和成长过程，关注他们的学习体验和学习成果，让每名学生都能在数学学习中感受快乐。下面我将结合具体实例，对尊重生命的小学数学教学过程评价进行详细的阐述。

（一）尊重生命的评价理念

尊重生命的评价理念强调以学生为中心，关注他们的全面发展。评价不仅仅是对学生学习成果的检验，更是对他们学习过程、学习态度和学习能力的全面反馈。在评价过程中，教师应尊重每名学生的个体差异，尊重他们的学习方式和节奏，关注他们的情感需求和成长过程。

（二）尊重生命的评价特点

1. 尊重生命的小学数学评价强调多元化

每名学生都是独一无二的个体，他们在数学学习上的表现也会因人而异。因此，评价方式应该多元化，包括课堂表现、作业完成情况、小组合作能力、数学思维能力等方面。这样，不仅能更全面地反映学生的学习状况，而且能发现学生的优势和不足，为后续的教学提供有针对性的指导。

2. 尊重生命的小学数学评价注重过程性

数学学习是一个持续的过程，学生在这个过程中会经历探索、尝试、错误和成功等多种体验。因此，评价方式应该关注学生在学习过程中的表现，如学习态度、学习习惯、学习方法等。通过观察和记录学生在这些方面的变化，教师可以更准确地把握学生的学习状况，提供及时的反馈和指导。

3. 尊重生命的小学数学评价强调情感性

数学学习不仅仅是知识的积累，更是情感的交流和体验。因此，评价方式应该关注学生的情感体验，如对数学的兴趣、对学习的热情、面对挑战的勇气等。通过鼓励学生表达自己的感受，教师可以更好地理解学生的需求，调整教学方式，让学生在数学学习中感受快乐和成就感。

（三）尊重生命的评价实践

以"认识面积"教学为例，教师可以进行以下尊重生命的评价实践。

1.课前准备阶段：了解学生的已有认知和情感需求

在课前准备阶段，教师可以通过与学生交流、观察学生作品等方式，了解学生的已有认知和情感需求。例如，教师可以从看图猜成语（四面八方、牛头马面、面面俱到、泪流满面）等入手，激发学生对"面"的兴趣和好奇心，在猜成语过程中拉近师生的距离。教师还可以根据学生的实际情况，设计符合他们认知水平和情感需求的教学内容和评价方式。例如，让学生找生活中的"面"，并摸一摸"面"，在描述"面"的过程中，了解学生的知识基础。

2.课堂教学阶段：关注学生的学习过程和学习体验

在课堂教学阶段，教师应关注学生的学习过程和学习体验，尊重他们的学习方式和节奏。教师可以采用多种教学方式，如独立思考、动手操作、小组合作等，以满足不同学生的学习需求。同时，教师应关注学生的情感变化，及时给予鼓励和引导，让他们在数学学习中感受快乐和成功。此外，教师可以利用课堂观察、学生作品展示等方式，实时了解学生的学习情况。通过观察学生的参与度、思维活跃度及作品完成情况，教师可以对学生的学习过程进行全面评价。对于表现优异的学生，教师应及时给予肯定和表扬，激发他们的学习热情；对于学习存在困难的学生，教师应耐心指导，帮助他们克服困难，提升学习效果。

例如，在比较面积的大小时，教师可采取任务驱动，提供两个面积接近的长方形纸片，让学生自主探究比较两个图形面积的大小。学生发现观察法看不出来，重叠法也行不通，此时进行小组合作，可借助测量工具（小图形）进行测量，教师提供三种图形（圆形、正方形、三角形）。作品展示时出现四种情况，有选择其中一种图形测量的，也有同时选择两种图形测量的。这时，教师引导学生思考："你同意哪个小组的方法？为什么？"学生在不断思考、说理过程中达成共识，同时选择两种图形测量的不可以，因为标准不一致，无法比较。"只能选择一种图形，选择什么图形更合适呢？为什么要选择正方形？"针对这个问题，学生直指面积的本质，选择正方形才能铺满，而其他两种图形会留空隙。学生思考交流互动，教师适时点拨评价，学生在这种轻松愉悦的学习过程中，思维不断进阶、情感不断升华，不断体验到成功的喜悦。

3. 课后巩固阶段：关注学生的学习成果和成长过程

在课后巩固阶段，教师应关注学生的学习成果和成长过程，尊重他们的个体差异和发展速度。因此，可以设计基础题、综合题、拓展题等层次性练习，或设计必做题和选做题等弹性练习，以满足不同学生的需求。以下为"认识面积"课堂评价。

"认识面积"课堂评价

一、我会数。（★）

下面图形的面积各是多少？

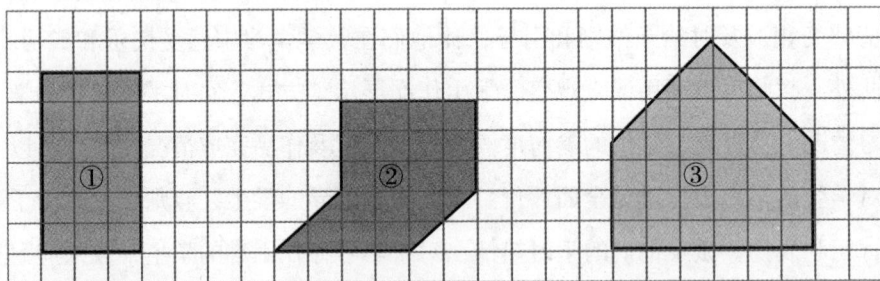

___个□　　　___个□　　　___个□

以上三个图形，（　　）号的面积最大。

二、我会选。（★★）

这是两个带小方格的图形，它们都被纸遮住了，但知道甲图形有 4 个小方格，乙图形有 9 个小方格。甲和乙的面积进行比较，（　　）的面积大。

甲

我有4格

乙

我有9格

A. 甲的面积　　B. 乙的面积　　C. 一样　　D. 无法确定

在批改作业时，教师应关注学生的解题思路和错误原因，并给予有针对性的反馈和指导。这样的星级作业设计不仅可以检验学生对面积意义的理解情况，而且能让学生体会到统一面积测量单位的必要性，为下节课学习面积单位做好准备。同时，让学生统计自己获得几颗五角星，对自己的学习成果进行自我评价和反思，帮助他们发现自己的不足和进步，体验学习成功的喜悦，明白自己努力的方向。

（四）尊重生命的评价效果

通过实施尊重生命的评价实践，教师可以发现学生在数学学习中的积极性得到显著提高，他们更加乐于参与课堂活动，勇于表达自己的观点和想法。同时，学生的数学素养和综合能力得到全面提升，他们不仅能够掌握数学知识，而且能够运用所学知识解决实际问题。

总之，尊重生命的小学数学教学过程评价是促进学生全面发展的重要途径。通过实施尊重生命的评价实践，可以更全面地了解学生的学习情况和成长过程，为他们提供更有针对性的指导和帮助。在评价过程中，教师需要具备扎实的数学知识和丰富的教学经验，能够准确地把握学生的学习状况，提供有针对性的指导。同时，教师需要具备人文关怀精神，关注学生的情感需求和成长过程，尊重每名学生的个性和差异，让学生在数学学习中得到充分的关爱和支持。此外，评价过程应注重学生的情感需求和个体差异，让他们在数学学习中感受快乐和成长。

二、写满春意的课堂作业评价

《义务教育数学课程标准》（2022 年版）指出：通过学业质量标准的构建，融合"四基"、"四能"和核心素养的主要表现，形成阶段性评价的主要依据。采用多元的评价主体和多样的评价方式，鼓励学生自我监控学习的过程和结果。作业是学生获取、巩固、应用知识的一种手段，是课堂教学的延续。小学数学作业评价是实施数学学习评价的重要组成部分。在数学教学中，教师可通过作业评价与学生进行心灵层面的对话，让学生建立自信、体验成功。

（一）"春风拂面"般的评价语言——感动学生的心灵

评语，是一种作业批阅方式，便于学生更清楚地了解自己作业中的优缺点，便于加强师生间的交流。教师的语言如钥匙，能打开学生心灵的窗户；如火炬，能照亮学生的未来；如种子，能深埋在学生的心里。因此，教师应巧用评价语言和学生进行心与心的"对话"，以激起学生的共鸣，调控学生的心态，吸引并打动学生。

1. 肯定性评语——点燃创新之火

爱被表扬是小学生的天性，教师几句鼓励表扬的评语，会形成一种无形的力量。因此，用赏识的眼光和心态去批阅学生的作业，从中寻找点滴的闪光点，用赏识的语言进行肯定性评价，能让学生获得成功的喜悦。这样的评价，还可以开发学生的潜能，激活学生的思维，点燃学生的创新之火。例如，解答应用题"一个修路队，原计划 10 天修路 630 米，实际提前 1 天修完，实际每天比原计划多修多少米？"有名学生的做法如下：$630 \div 10 \div (10-1) = 63 \div 9 = 7$（米）。看到他与众不同的解题方法，我很兴奋，给他写上"你的方法很有创意，值得大家学习"的评语。又如，给正确解答难题的学生写上"真了不起，这么难的题目都难不倒你"的评语；

给善于发现问题的学生写上"你真有科学家的眼光，老师真欣赏你"的评语；等等。

在这样的评语激励下，许多学生在做作业时喜欢标新立异，尝试用不同的方法解题，对于作业中的难题不退缩，迎难而上。因此，善用肯定性评语，对激发学生的创造性思维、培养学生的创新能力很有帮助。

2.期待性评语——奏响希望之歌

人的内心深处都有一种被肯定、被尊重、被赏识的需要。聪明的教师总是能抓住学生身上某一闪光点，对其进行恰如其分的表扬，激发学生对学习的热情。聪明的教师更应用发展的眼光看待学生，在作业批改中采用期待性评语，把鼓励和批评二者巧妙地结合起来，根据学生的实际情况，提出富有层次性、指导性、针对性的改进与提高的目标，让学生树立起"我能行，我还能做得更好"的信心。例如，给字迹潦草的学生写上："字如其人，你长得这么漂亮，相信你的字也会写得很漂亮""聪明的你会把字写工整的"。给作业马虎的学生写上："你很聪明，再细心些，你会更出色""再细心些，成功就属于你"等评语。这些评语会如春风拂面，给人一种很舒服的感觉，使学生不仅心悦诚服地接受教师的建议，而且对自己、对数学学习充满希望。

（二）"春雨润物"似的评价方式——触动学生的心灵

在小学数学教学中，对学生的作业评价应是一种民主协商、主体参与的过程，而非评价者对被评价者的控制过程，学生也是评价的参与者、评价的主体。作业批改虽然属于教师的分内工作，但不能让学生感觉与他们毫不相干，应引导学生参与管理、参与评价，让学生成为数学学习的主人。

1.自我评价——让学生做主人

现在的学生做完作业、试卷后，普遍缺乏检查的意识和习惯。针对这样的情况，可让学生先做自我评价，并根据自己的认真程度和自我满意度，给自己定星级，画在每次作业的后面。教师批改时，再根据学生的实际情况，给予相应的等级。当学生的自我评价与教师评价吻合时，教师就给他另加一颗星加以表扬；当学生的自我评价星级较高却出错较多时，教师就不加评判，只写上日期，再要求学生自己查找作业中出错的题目并改正。这样，学生为了得到较高的星级，会逐渐养成做完作业后认真检查并验算的好习惯。例如，我们班有一名学生很聪明，开学初作业写得很马虎，经常出错，可他给自己的评价星级总是很高。针对这种情况，我每次对他的作业都没有评价，而是要求他自己查找错题并改正，直到他的作业既能全做对又能给自己一个恰如其分的评价为止。这种自我评价方式可以说是"懒老师"培养"勤学生"，并让学生通过自我评价对自己的作业负责任，真正成为数学学习的主人。

2. 上台讲评——让学生当"先生"

在学生眼里，三尺讲台是一片神秘之地，台上的教师有一种令人敬畏的感觉。于是，教师与学生互换位置就是一种有趣的"较量"。以前，评讲作业都是教师的事，为了让学生更好地表现自我，我尝试把评讲作业的任务交给学生，让学生轮流上台当一回"小先生"。例如，我经常把评讲《小学数学学习指导丛书》的任务交给学生，根据进度，事先布置几名学生分别准备几道题目，第二天早读时让他们上台讲评。对"小先生"来说，走上讲台之前，他们必须多花时间去分析所要评讲题目的解题思路，以及涉及的有关知识，以保证上台时讲解清晰，让人听明白。台下的学生也会因为台上讲评作业的是自己的同学而极度兴奋，始终保持积极的学习状态，以捕捉同学的亮点和不足，以便下次轮到自己上台时能发挥得更好。这样的角色互换，可以说取得了"双赢"的效果。

（三）"春水潺湲"样的评价过程——打动学生的心灵

学生作业包括过程和结果，因此，教师给学生的作业评价应包括学生作业中的思维过程和最后收获两个部分。在进行作业评价时，不仅要关注结果，更要重视学生作业的过程。教师可以通过延迟评价、多层评价等策略，使评价过程始终处于动态发展之中，从多个角度、以发展的眼光来评价学生。

1.延迟评价——留一份自信给学生

学生由于所处的文化环境、家庭背景不同，其知识基础、智力水平和学习态度也必定是不平衡的。当学生的作业中错误较多时，可先采取暂时不评判等级的延迟评价策略，让学生在弄清错因的基础上，进行二次作业，再进行评判。例如，完成"运用乘法运算定律进行简便计算"作业时，有几名学生连续出现几道同一类型的错题（如：$78 \times 99 = 78 \times 100 - 1 = 7799$；$235 \times 102 = 235 \times 100 + 2 = 23502$；$168 \times 98 = 168 \times 100 - 2 = 16798$），对这些作业，我暂时没有进行等级评价，而是跟他们交流，了解致错原因，让他们重做，然后进行评价。在这样的评价中，教师站在学生的角度，设身处地替学生着想，会让学生始终充满自信，敢于暴露自己的思维过程，对后续学习会起到很好的推进作用。

2.多层评价——留一点儿空间给学生

现代心理学研究结果表明，认知是一个由低到高的循序渐进的发展过程。人们做一件事往往很难一次获得成功，而是需要经过多次修正，最终达到自己满意的程度。例如，做一道菜，第一次做可能不好吃，多做几次，就会越做越好。学生做作业也不例外，可能有的题目一次难以找到最佳解法，需要在教师指点下，经过弥补才能获得。针对这种情况，可进行多层评价，逐步提高作业等级，以调动学生进一步改进作业的积极性。例如，在计算图 2–11 所示多边形的周长时，有一名学生这样计算：$7+6+5+1+1+1+1+4=26$（厘米）。我给他评三颗星，并写上评语："祝贺你算对了，你能想出比较简便的方法吗？"拿到作业后，他补了一种算法：$7+6+5+1 \times 4+4=26$（厘米）。我给他加了一颗星，又写上评语："你真棒，一定能找到最简便的方法。"他又补了一种算法：$(7+6) \times 2=26$（厘米）。我再给他加了一颗星，并写上"你成功了！"的评价，让学生在教师的殷切期望中，充分展示了自己的认知过程，教师也可以最大限度地为学生提供可持续发展的空间。

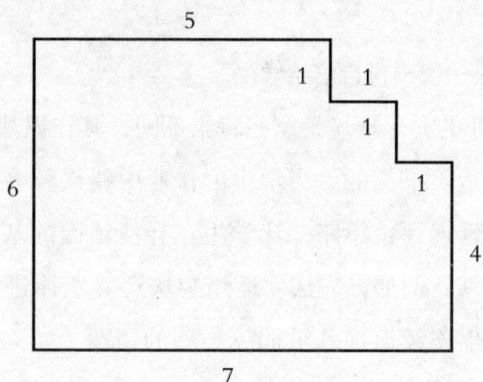

图 2-11　多边形（单位：厘米）

总之，新课程标准要为学生营造绿色生态的数学学习环境。因此，对数学作业的评价，应融入新理念、尝试新方法。让数学作业评价写满春的生机，温暖每名学生的心田，成为师生之间进行"心心对话，情情交融"的港湾。

三、素养导向的单元作业设计

素养导向的单元作业设计以培养学生的核心素养为目标，通过设计有针对性的作业内容，引导学生主动探究、积极思考，从而实现知识的内化与能力的提升。

（一）换位思考——为何设计作业

1.学生不喜欢什么样的作业

为了深入了解学生的真实想法，我随机对学生做了访谈，发现多数学生不喜欢量大耗时、类型单一、计算烦琐的作业。因此，在"双减"背景下，教师有必要研究学生的"脑袋瓜"，了解他们不喜欢什么样的作业。

2.学生喜欢什么样的作业

在"双减"背景下，学生是真的减负了。因为按照五项管理规定，中高年级各科家庭作业合起来不超过 1 小时。但我一直认为，只要是学生喜欢的作业，即使要花费较多的时间，学生也不会觉得是一种负担。因此，应该在学生正向情感层面做"加法",让学生愿做、乐做,设计学生喜欢的作业。到底学生最喜欢什么样的作业呢?通过随机采访,我发现学生最喜欢有创意、可实践的作业,与高科技、社科人文等有关的作业,或者调查类的作业。而且这几类作业设计基本能做到形式新、少而精,唯有这样,方能讨学生欢心,进而提高教学质量。

(二)更新理念——因何设计作业

俗话说:"方向不对,努力白费。"教师作为设计作业的主人,一定要更新理念。何为"新"理念?华东师范大学课程与教学研究所所长崔允漷讲过三个思路——新时代、新课程、新教学。

1. "新时代"亟须提升国民素养

我们正处在一个新时代,在从"站起来"到"富起来"再到"强起来"的过程中,亟须解决国民素养问题。

2. "新课程"特别强调核心素养

众所周知,新修订的课程标准特别强调核心素养。素养有别于素质。我们知道,高中课标说的是"学科核心素养",如数学,有六大核心素养。但义务教育新课标叫"课程核心素养"。为何分为两种说法?专家的解释是:第一,希望义务教育阶段更关注人,淡化学科;第二,义务教育阶段有些课程根本不是学科,如劳动,我们不能说劳动学科核心素养,可以说劳动课程核心素养;第三,义务教育阶段有一些课程不是一个学科,而是一类学科群,如科学与艺术,因此讲学科核心素养也不恰当。

3. "新教学"带来新的学习逻辑

"新教学"可以总结为四句话。第一,坚持素养导向。我们的目标是关注素养,而不只是关注知识点。第二,强化学科实践。如地理学科强调地理实践,而不是整天在地图上画来画去。第三,关注综合学习。即加强学科内知识整合,推进跨学科学习。在新课标中,对每一门课标,国家都要求花10%的时间来开发跨学科主题,在教材层面必须保证将10%的跨学科内容设计出来。因此,我们的作业设计要跟上课标的步伐,多开发跨学科作业。第四，强调因材施教。现在已经能保证每个人都有学上，未来教育要思考"适合每个人"，落实因材施教、因人导学。

（三）研发新品——作业有何类别

作业是为教学服务的，设计作业之前，要考虑的是怎么教学。下面以六年级下册第三单元"圆柱与圆锥"为例进行阐述。

1.重温教材：分析单元知识结构

（1）分析单元知识内容的内在关联。

我们发现：单元外，学生将在初中一年级对立体图形，特别是对展开图进行专题学习；单元内，起基础性作用的知识是圆柱和圆锥的特征。计算圆柱与圆锥的表面积、体积等，都必须关联圆柱或圆锥的基本特征。

（2）分析单元学习方法的内在关联。

①认识图形的方法相同。同之前所有图形的学习方法相同，都是先认识图形各部分的名称，再认识各部分的特征，对特征的认识都是从"数量"和"关系"两方面开始的。②依据概念和特征探究表面积的计算方法。新图形同五年级学习的长方体、正方体的表面积计算方法一样，都是依据表面积概念和立体图形的特征去探究表面积的计算方法。③将新图形转化为学过的图形。圆柱的体积与五年级多边形的面积、六年级圆的面积计算的学习方法高度相似，都是用转化的思想方法将新图形转化为学习过的图形进行探索。这些学习方法之间的高度关联，说明本单元的学习方法都是以前学习方法在新情境下的迁移运用。在本单元迁移运用这些方法过程中，可以将小学阶段的几何图形的认识及测量的学习方法融通，形成更高层面、更宽视野的学习方法结构。

（3）学情分析。

①立体图形的学习有共同的特点，即遵循"特征—表面积—体积"的发展过程，本单元也不例外。因此，学生已经有一定的学习经验。②无论是平面图形还是立体图形，都是通过平移、旋转、展开、翻折、视图、还

原、切截、叠加等维度进行的。从二年级起，学生就会将图形进行平移、旋转，具有一定的空间想象能力；从四年级起，学生能根据物体的三视图，还原立体图形，具有一定的观察能力和推理能力。③只要是认识图形，教材都是从实物出发，"由物想图"最终达到"由图想物"，增强了对图形特征、计算方法的探索，强化了在操作中对空间与图形问题的思考，使学生在观察、操作、推理、想象的过程中认识圆柱、圆锥的特征，掌握体积的计算方法。因此，学生积累了一定的方法经验。

2. 重组：单元主题重构及优势

综上所述，教师可以对原来教材的分离编排给予整合，因为认识方法或其中隐含的思想方法是相通的。这样进行单元整合有以下几个优势。

（1）巧用对比，凸显特征。

①一次对比。从底面的个数、侧面的形状及高的条数来对比圆柱与圆锥的区别。②二次对比。当圆柱的一个底面变成一个点时，圆柱就变成了圆锥，以此发现圆柱与圆锥的联系。③三次对比。圆柱是由长方形或正方形的一条边旋转而来的，圆锥是以直角三角形的一条直角边旋转而来的，由此发现圆柱与圆锥的生成方式的区别。巧用这样的对比，能凸显圆柱与圆锥的本质特征，并沟通它们之间的联系，突出数学本质，有利于学生深度学习。

（2）留白思考，激发动力。

探讨完圆柱表面积，要为学生留白："为什么不探讨圆锥的表面积?"从圆柱的表面积举一反三地知道"圆锥的表面积＝底面积＋侧面积"，再为学生留白："侧面积是扇形，如何求扇形的面积?"扇形面积是初中的学习任务。一串串的留白，能激发学生学习的动力。

（3）重组问题，突出重点。

本单元的问题多，易出错，因此需要设计一节问题解决专项训练课。"在认识表面积和体积"教学完成后，教师可以重组问题并予以解决，加深学生对解决问题模型的应用，有利于突出重点。

（4）拓展文化，增强趣味。

圆柱与圆锥等积变形是单元教学难点，抽象难懂，如圆柱的体积是等底等高的圆锥的 3 倍，故可以设计一节"有趣的圆柱与圆锥"，拓展数学文化，让学生了解两种图形的起源与发展，增强数学学习的趣味性。

3. 重塑：单元整体教学目标

在把握单元教材知识内容和学习方法内在关联的基础上，结合学情分析，确定以下单元整体教学目标。

（1）核心素养目标。

通过观察、操作、描述、画图、想象等活动，培养学生的"直观想象"核心素养，发展空间观念；经历公式的推导与归纳过程，培养学生的"数学抽象"和"数学建模"核心素养；经历推理与表达过程，发展学生的"逻辑推理"核心素养，提高表达能力；经历运用表面积和体积的计算解决相关生活问题的过程，培养学生的"数学运算""数据分析""应用意识"。

（2）思想方法目标。

在观察、操作、描述、画图、想象、抽象、推理等活动中，认识基本特征，理解表面积与圆体积计算方法，领会它们的内在关联，形成合理的单元整体认知结构；迁移运用图形学习的一般方法，融通理解，建立图形与几何领域学习方法结构，感悟"转化""推理""极限""变中不变"等数学思想方法。

（3）情感态度目标。

在学习过程中，感受数学思维的严谨，培养良好的思维习惯；联系生活解决有关圆柱与圆锥的问题，感受数学的实用价值；了解圆柱与圆锥的相关数学文化，感悟数学文化的魅力，提高学习数学的兴趣。

4. 重构：单元整体作业设计

基于以上思考，以"圆柱与圆锥"单元为例，可以设计如下类型的校本作业。

（1）学案——课前作业。

　　带着问题进课堂，是学生最好的学习状态。因此，本单元可以通过设计问答型、调查型、实验型等课前作业，让学生提前找出深入学习的困难所在。

　　①问答型。

　　以下为"圆柱的表面积"问答型学案。

"圆柱的表面积"学案

　　a. 你知道圆柱有几个面吗?

　　b. 你会求圆柱的表面积吗?

　　c. 你遇到了什么困难?

　　d. 你想怎么解决?

　　e. 你发现了什么?

　　f. 你能推导出圆柱的表面积公式吗?

　　②调查型。

　　可以选用学习类 APP 设计问卷调查内容，以下为"认识圆柱与圆锥"调查型学案。

"认识圆柱与圆锥"学案

*1. 圆柱的高有（　）条?

　○ A.1

　○ B. 无数

*2. 圆柱和圆锥的侧面都是（　）?

　○ A. 直面

　○ B. 平面

*3. 有一个圆柱形的面包，要沿直径切一刀把它分成两块，切面是（　）形?

　○ A. 三角形

　○ B. 长方形

*4. 圆锥的高有（　）条?

　○ A.1

　○ B. 无数

*5. 通过预习，你能理解哪些图形是圆柱吗?

　○ A. 能

　○ B. 不能

*6. 通过预习，你能知道哪些图形是圆锥吗?

　○ A. 知道

　○ B. 不知道

*7. 通过预习，你能找出圆柱和圆锥的高么?

　○ A. 能

　○ B. 不能

提交

③实验型。

以下为"圆锥体积公式"实验型学案。

"圆锥体积公式"的趣味实验

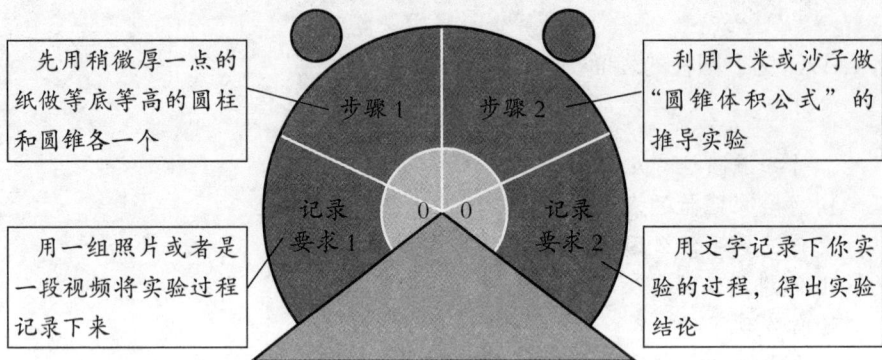

先用稍微厚一点的纸做等底等高的圆柱和圆锥各一个 —— 步骤1

利用大米或沙子做"圆锥体积公式"的推导实验 —— 步骤2

用一组照片或者是一段视频将实验过程记录下来 —— 记录要求1

用文字记录下你实验的过程,得出实验结论 —— 记录要求2

（2）课练——课中作业。

课练,即每节新课结束后的当堂巩固练习,有题组型、说理型、开放型、友情型等主要类型。

①题组型。

题组型课练示例如下:

a.把一个底面半径为2分米、高为3分米的圆柱体,切成完全相同的两部分,它的表面积增加了多少平方分米?

b.把一个底面半径为2分米、高为3分米的圆锥体,切成完全相同的两部分,它的表面积增加了多少平方分米?

②说理型。

说理型课练示例如下:

精精和新新在玩折纸游戏。

精精:"我将三角形ABC绕直角边AB旋转一周,能形成圆锥体。"（如图①所示）

新新:"我将三角形ABC

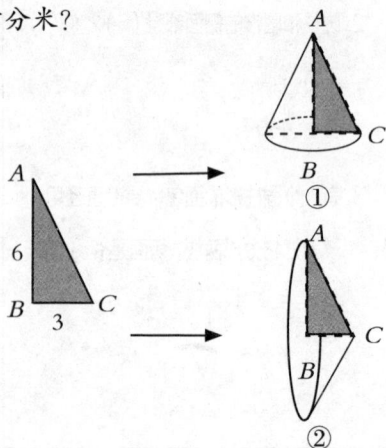

绕直角边 BC 旋转一周，也能形成圆锥体。"（如图②所示）

精精："我觉得我的圆锥体积比你的大。"

新新："我认为我的圆锥体积更大。"

你同意谁的观点？请说明理由。

③开放型。

开放型课练示例如下：

在探究圆柱体积计算公式时，我们把圆柱切割后拼成一个近似的长方体（如图③所示）。在这个过程中，你知道了什么？（至少写出三点）

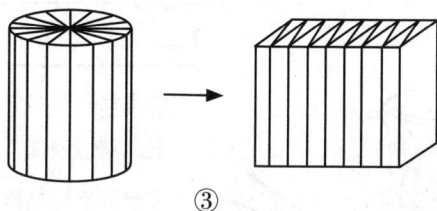
③

我知道： a.＿＿＿＿＿＿＿＿＿＿＿＿＿

b.＿＿＿＿＿＿＿＿＿＿＿＿＿

c.＿＿＿＿＿＿＿＿＿＿＿＿＿

④友情型。

看图④，回答问题。（单位：厘米）

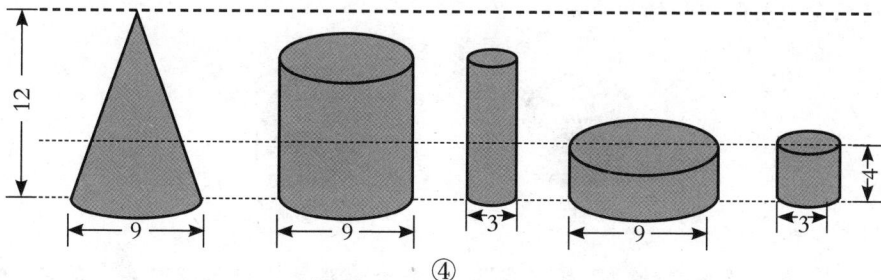
④

a. 你能找出和圆锥体积相等的圆柱吗？和同桌说说你是怎么找出的。

b. 任选两个图形，和同桌说说它们之间的体积关系。

c. 圆锥的底面直径是第二个圆柱底面直径的 3 倍，两个图形的高也相等，它们的体积为什么不相等?

（3）短作业——课后作业。

作业，即需要学生当日完成或者隔日完成的家庭作业，可以将其称为"短作业"，主要类型有实践型、阅读型、拓展型、弹性型、日记型。

①实践型。

实践型课后作业示例如下:

土豆"浸没记"			
容器的底面直径	浸没土豆后水的高度	取出土豆后水的高度	计算土豆的体积

a. 把我放到量杯中。

b. 装水将我浸没。

c. 量出表中的数据。

d. 算一算我的体积有多大

②阅读型。

阅读型课后作业示例如下:

a. 给半径为 12 厘米的足球（图①）设计圆柱形包装盒（图②），这个包装盒的表面积和体积应是多少?

①　　　　　　②

b. 这就是著名的"圆柱容球"，它是古希腊著名数学家阿基米德发现的。当圆柱容球时，球的体积是圆柱体积的 $\frac{2}{3}$，球的表面积也是圆柱表面积的 $\frac{2}{3}$。请计算出球的体积和表面积。

③拓展型。

我们知道了点动成线、线动成面、面动成体，填写下表，并说明你发现了什么？

过程与方式	运动后的形状				
由什么图形运动而来?					
运动方式是什么?					

④弹性型。

在下列题目中任选两道完成。

a.一个瓶子装满果汁，喝了一部分后，果汁的高度是10厘米，把瓶盖拧紧后倒置放平，无水部分高10厘米，如图①所示。

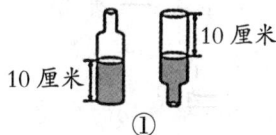

问：喝了多少毫升果汁？这个瓶子的容积是多少毫升？（可选两种方法解答）

b.如图②，把圆柱体钢材锻铸成长方体模型，长方体的高是多少？（单位：厘米）

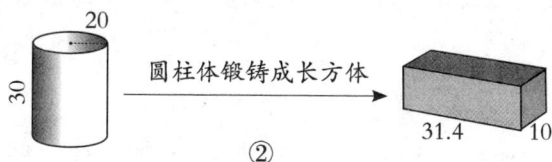

圆柱体锻铸成长方体

c.某净水器（图③）有一个直径为1厘米的流水出口，打开后，水的流速是16米/秒。用容积为1.2升的水壶装水。

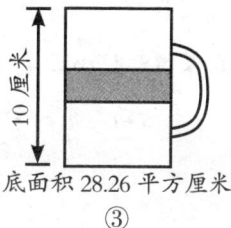

问：1分钟能装满吗？装满后，用这壶水够装几杯水？

底面积28.26平方厘米
③

⑤日记型。

教师可以将教学课后作业与语文学科融合，布置学生写数学日记，记录学习中的收获或困惑。

（4）长作业——周末或假期作业。

学生得用两天以上甚至一周或者数周时间才有办法完成的作业，称为"长作业"，如周末或假期作业。长作业以亲情型、综合型、反思型、自主型、跨学科型等为主，以学习的长度来挖掘学习的深度。

①亲情型。

亲情型长作业示例如下：

邀请家人一起探究"横看成岭侧成峰，远近高低各不同"的道理。

a. 立体图形除了常见的横切、纵切，还有斜切。截面也各不相同，你发现了吗？想不想试一试？请你寻找身边的实物，切切看，把切的图片画下来，或者用拍照、视频等方式记录，并将作品通过方便的途径提交给教师。

b. 根据切的感受，你能说说"横看成岭侧成峰，远近高低各不同"中蕴含的数学道理吗？

②综合型。

综合型长作业示例如下：

a. 通过对"圆柱与圆锥"的学习，你学到什么？请画出你心目中的思维导图。

b. 准备 6 张长 16 厘米、宽 4 厘米的长方形纸。

【活动一】拿出两张长方形纸，一张横着卷成圆柱形，另一张竖着卷成圆柱形。两个圆柱的体积一样大吗？猜一猜，再画一画、算一算。（结果保留两位小数）

【活动二】再拿出两张长方形纸，分批按照下面的步骤做一做。

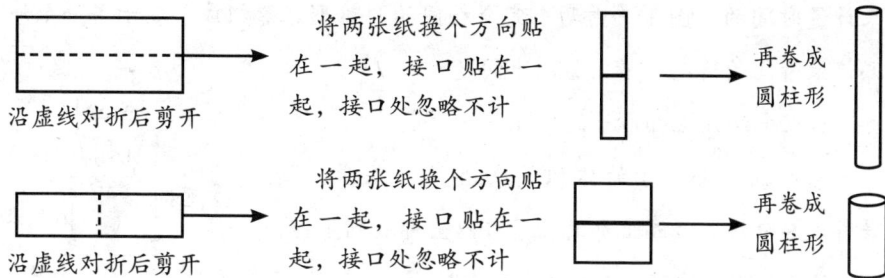

沿虚线对折后剪开 → 将两张纸换个方向贴在一起，接口贴在一起，接口处忽略不计 → 再卷成圆柱形

沿虚线对折后剪开 → 将两张纸换个方向贴在一起，接口贴在一起，接口处忽略不计 → 再卷成圆柱形

得到的两个圆柱的体积一样大吗？量一量，算一算。（结果保留两位小数）

③反思型。

反思型长作业的要点：着眼错例，巧开"药方"。

尝试整理分析本单元错例，如果有困难，可以找爸爸妈妈或老师帮忙。

错题	错因分析	解题思路

④自主型。

自主型长作业示例如下：

向同桌推荐两道你认为比较典型的"好题"。

a.类型包含易错题、易混题、开放题、探究题等。

b.形式可以为摘录、改编或原创。

c.注意数据的合理性、题目的科学性。

⑤跨学科型。

跨学科型长作业示例如下：

在三年级的科学课上，我们就认识了沙漏，又称沙钟，知道它是我国古代一种计量时间的仪器，是根据流沙从一个容器漏到另一个容器的数量来计量时间的。图①（由两个完全相同的圆锥形容器组成）展示了一个沙漏记录时间的情况。请回答以下问题。

a. 求出沙漏上部沙子的体积。

b. 沙漏下部沙子的体积是 69.08 立方厘米，如果再过 8 分钟，沙漏上部的沙子可以全部漏到下部，那么这个沙漏一次可以计时多少分钟？

c. 你能根据学到的数学知识，自制一个沙漏吗？

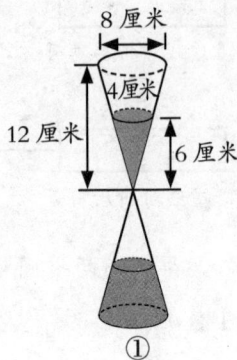

（四）物化成果——作业成为什么

1. 让作业成为"礼物"——由"负担"变"惊喜"

爱因斯坦说："教育应当使提供的东西让学生作为一种宝贵的礼物来接受，而不是作为一种艰苦的任务要他去负担。"理想的状态是作业不应成为学生的负担，而是期待。每个人都喜欢收到礼物，特别是收到精美的礼物时的心情是非常美妙的。如果每名教师在布置作业时少一点儿分数情结，多一点儿人文关怀，把作业当成送给学生的礼物去精心准备，让学生怀着喜悦和兴奋去享受作业的乐趣，他们一定会在完成作业过程中快乐成长。

因此，在作业设计上，教师要充分发挥作业的"美育"功能，让作业展示其魅力，力求形式美、内容佳、效果好，让学生爱上作业。

2. 让作业成为"作品"——由"数学"到"艺术"

很多孩子都喜欢美术。受到美术教师的启发，我引导学生将平时单元复习的"思维导图"或者实践作业进行整理，制作属于自己的"数学小红书"。有了作品，还要给学生平台展示。因此，我在课堂上，会留出少部分时间让学生展示自己的作品；在教室内，开辟了"数学作品展示专栏"。

从"作业"到"作品"的转变，并不仅仅是词语的转变，更是观念的转变。常规的作业指向是闭合性的、结果性的、统一标准的，而作品指向是开放性的、过程性的、展示个性的。数学学习需要一定量的练习与巩固，但也需要在此基础上的创新与突破。这也是我们常说的：教授知识，通达智慧。

3. 让作业成为"新宠"——由"冷漠"到"期待"

没有评价目标的作业，就没有努力的方向。教师随便打个等级了事，学生对教师苦心批改的作业很冷漠，没有期待，不愿意及时订正，提高作业质量就更无从谈起。我看过一名数学教师非常精心地评价学生的每份作业，并针对不同等级的作业给予不同的评价。甚至有一些教师，每次都写上一句名人名言赠予学生，让学生特别期待拿到教师批改过的作业。但是，相关研究结果发现，如果同时提供等级和评语，学生可能更加关注等级而忽视评语。但是，当评语有时代气息，富有人情味，既幽默风趣，又充满暗示性的时候，一定会让学生耳目一新，爱看乐读。

四、充满情感的考试命题设计

考试是衡量学生学习状况的一把尺子。提及考试，人们往往自然而然地把它与应试教育画等号，斥责考试的种种弊端。一时间，考试成了"反面角色"。新课程改革是不是应该抵制考试呢？如果没有考试改革与课程改革结伴而行，新课程的春雨又能滋润多久？新课标理念下的数学考试应该让学生体验什么？如何命题才能真正地促进学生的发展？

（一）版面设计温馨，让学生体验到数学有情

贴近学生的心理感受、充满人文关怀的试卷，能营造一种宽松的考试氛围，进而使学生深切感受到教师对他们的关爱。

1. 巧改标题

以往试卷的标题为"×年×学期××测试卷"，形式内容呆板单一，让人一看就产生沉重感、紧张感。于是，教师可以把它改成学生喜闻乐见、易于接受的形式，从而使考试成为尊重学生主体意识的数学活动。例

如，低年级使用"数学乐园欢迎你！"——意在培养学生的学习兴趣；中年级使用"数学信心站"——重在培养学生的自信心；高年级使用"数学希望坛"——旨在激发学生获取成功的勇气。这样，在学生心目中，考试变成极富情趣的智慧之旅。

2. 妙用卡通图

插图是学生思维的"第二语言"，它能将理性问题感性化、抽象问题具体化，唤起学生学习的乐趣，而色彩斑斓的卡通图案更是学生的"宠物"。因此，在试卷中大胆运用卡通图，能使试卷变得有情有趣有味。

3. 善用激励语

激励能将人的潜力发挥到极限。因此，教师可以在试卷中设立"友情提示"，如"请小心，有障碍""加把劲，快成功啦"；设立"激励站点"，如"相信你能行""勇气伴你成功"等别具一格的设计。这些激励语可以让学生耳目一新，不仅能缩短学生与试卷间的距离，而且能让学生体验到数学是有情的，从而把考试过程变成学生体验快乐、体验成功的过程。

（二）形式呈现新颖，让学生体验到数学有趣

新课程呼唤有情有趣的数学教学，充满挑战的活动最容易激发学生的好奇心和求知欲。如果我们的试题也尝试着灵活多变，为学生创设充满情趣的问题情境，必然能唤醒学生的灵性。

案例3　向大家介绍"我"

我叫（　　）。我的身高大约是（　　），体重是（　　）；我是（　　）年（　　）月（　　）日出生的，这一年二月有（　　）天，全年有（　　）天。我有个心愿——（　　）。

本题用"自我介绍"的形式，把常用计量单位相关知识串在一起，既便于考查学生对知识的区别和应用，又富有情趣。

案例4　你让座了吗？

一辆公交车上，老年乘客的人数约占所有乘客的 $\frac{1}{12}$，学生人数约占 $\frac{1}{4}$，

其他青壮年人数约占 $\frac{2}{3}$，请问车上（　）人数最多，（　）人数最少。如果车上的座位数约是乘客总数的 $\frac{2}{15}$，那么超过 $\left(—\right)$ 的人不让座，就会有老年乘客站着。

本题以对话的形式呈现，使学生有身临其境的感觉，不仅考查了学生对分数大小的比较和分数加减计算等基本知识的了解，而且渗透了人文教育，能激发学生答题的欲望。

以上几种试题看似简单，其实，利用创设情境的形式实现了学科整合。数学应该让学生越学越聪明、越学越有兴趣。

（三）内容回归生活，让学生体验到数学有用

陶行知说："没有生活做中心的教育是死教育，没有生活做中心的学校是死学校，没有生活做中心的书本是死书本。"数学命题要促进学生发展，命题素材就应接轨学生的现实世界，引领学生应用。因此，在不减弱知识成分的前提下，可以给纯粹的数学命题加以生活化的包装，把对数学知识的检测放置在现实的生活情境中，真正使数学命题焕发出浓郁的生活气息，从而让学生体验到数学是有用的。

案例 5　儿童节促销活动

儿童节快到了，玩具店为了搞促销，开展大减价活动。（试卷中有各种各样玩具图片并有标价）

（1）如果给你 20 元，你能买几个玩具？用算式表示出来。

（2）小明想买 8 元的小狗，你认为可以怎样付钱？

（3）你还能提出哪些数学问题？

案例 6　两家餐厅的除夕夜营业情况

某市解放街上有"好日子"和"好心情"两家餐厅。下图是除夕夜两家餐厅的营业情况。你能根据图示判断哪家餐厅比较拥挤吗？

以学生熟悉的生活实例命题，既可以促进学生把知识学活，又能激发学生积极思考，让学生领悟学习数学的价值，并从中体验数学真有用，学好数学大有作为。

（四）开放时空，让学生体验数学有个性

开放的数学是以学生的生活经验和成长需要为依托，将教材这本"小书"与生活这本"大书"融为一体，从而使学生认识到数学的博大，让不同的学生在数学上得到不同的发展，同时让学生的个性得到张扬。

案例7 雪碧购买方案

家里来了一批客人，妈妈给了小涛34元让他去超市买雪碧，要求雪碧的总体积大于13升。超市中的雪碧有两种规格，请你帮小涛设计不同的购买方案。（每设计出一种正确的方案得1分，每人至少写出3种不同的方案，多写1种另加1分，加满3分止。）

方案	大瓶（2.5升）单价5元	小瓶（1.5升）单价4元	总体积／升	总价／元
1	（　）瓶	（　）瓶		
2	（　）瓶	（　）瓶		
3	（　）瓶	（　）瓶		
4	（　）瓶	（　）瓶		
5	（　）瓶	（　）瓶		
6	（　）瓶	（　）瓶		

案例8 池塘危险吗？

一个水塘的平均水深是1.1米，小明的身高是1.3米，他不会游泳。如果小明不小心滑落水塘中，他会有危险吗？请你结合数学方面的有关知识说明理由。

案例7的命题既关注了学困生和中等生，又关注了学优生，不仅满足了学生差异性发展，又使学生的学习积极性得到激发、个性得到张扬。案

例 8 呈现的是比较开放的、有利于学生自主创新的题目，可以让学生体验数学是有个性的。

　　一些小小的改变，让学生不再害怕考试、讨厌考试，反而开始喜欢考试，这样的考试能给学生带来乐趣、带来成功。

第三章　小学数学生态课堂的课例践行

第一节　"数与代数"领域

一、"分数的意义"课例解析

【课前思考】

"分数的意义"是人教版五年级下册第四单元的内容，是属于"数与代数"领域范围的概念性教学，是在学生自三年级学习了把一个物体平均分，用分数表示其中的 1 份或几份，初步认识了分数，理解用分数表示的思维方式的基础上展开的。从具体实例中逐步抽象归纳出分数的意义；借助动手操作、直观感知、分析交流中，层层深入地理解分数的意义，理解单位"1"含义，认识分数单位，理解分数单位与分数的关系；感悟整数、小数和分数的概念本质上的一致性，感悟计数单位在数的认识中的核心地位，发展数感和符号意识。

整节课本着"简教深学，让学习真正发生"的生态教学理念，为学生提供充足的自主学习空间和时间，鼓励学生围绕"分数的意义"这个核心问题，沿着探究路径拾级而上，经历独立思考、同伴交流、质疑分析过程，理解"分数的意义"这一抽象的概念，使无形的思维看得见、道得明、理得清，从而催发学生的认识由感性上升到理性，让概念学习自然生长。同时，感悟"数"概念本质上的一致性，完善对"数"家族的认识。

【教学目标】

（1）在动手操作、观察、交流等数学活动中，了解分数在生活情境中的含义，理解单位"1"和分数的意义，掌握分数单位。

（2）让学生在经历动手操作、对比辨析，在探索理解单位"1"和分数单位过程中，进一步理解分数的意义，培养抽象概括能力。

（3）感悟整数、分数、小数的概念本质上的一致性，感悟计数单位在数的认识中的核心地位，从而增强数感和符号意识。

【教学重点】

理解单位"1"和分数的意义，掌握分数单位。

【教学难点】

理解分数的意义，掌握分数单位，体会整数、分数、小数的概念本质上的一致性。

【教学准备】

课件、学习单、作业单。

【教学过程】

（一）开门见山，提出核心问题

1. 揭题

师："同学们，知道我们今天要学习什么内容吗？"

生："分数的意义。"

2. 质疑

师："看到课题，你能提出什么数学问题？"

生："什么是分数的意义？"

师："真是会思考的孩子，提出这么有价值的问题。那就让我们走进分数的世界一起探究吧！"

设计意图：开门见山，揭示课题，可以引发学生的思考，激发学生的学习兴趣，使学生明白本节课的探究内容，有利于培养学生的问题意识，促进学生进阶思维的发展。

（二）实践操作，感知单位"1"

1. 理解 1/4 表示的意义

（1）操作探究。

师："（出示 $\frac{1}{4}$）这是多少？能用你喜欢的方式表示出 $\frac{1}{4}$ 吗？拿出学习单（一）画一画，写一写。"

（2）反馈交流。

师："老师收集了一些同学的作品，请看。"

展示学生作品，交流想法。

生 1："把一个蛋糕平均分成 4 份，取其中的一份就是 $\frac{1}{4}$。"

生 2："把一条线段平均分成 4 段，取其中的一段就是 $\frac{1}{4}$。"

生 3："把四个苹果平均分成 4 份，取其中的一份就是 $\frac{1}{4}$。"

2. 认识单位"1"

师："为什么这些作品都可以用 $\frac{1}{4}$ 来表示？"

生："因为都是把这些东西平均分成 4 份，取其中的 1 份就可以用 $\frac{1}{4}$ 来表示。"

师："（指图）这是一个物体，一个计量单位，一些物体。"

师："你对这些作品还有什么疑问吗？"

师："一个物体、一个计量单位或一些物体等都可以看作一个整体，这一个整体可以用自然数 1 来表示，我们通常把它叫作单位'1'。"

师："这个单位'1'表示一个整体，是特殊的，要给单位'1'加引号。"

师："找一找，生活中我们还能把哪些东西看成单位'1'？"

生 1："10 支铅笔。"

生 2："20 本书。"

生 3："全班同学。"

师："你能往大的说吗？"

生4："把全校人数看作单位'1'。"

生5："可以把整片海当作单位'1'。"

师："看来这个单位'1'可大可小、无所不包啊。"

设计意图：在三年级初步认识分数的基础上，通过让学生用自己喜欢的方式表示出 1/4，感知分数的意义，从而认识单位"1"，形成正确的概念。

（三）合作探究，理解分数意义

1. 初步探究分数的意义

（1）自主探究，感知意义。

师："同学们，如果把这盒糖果看作单位'1'，你能找到哪些分数？请你独立思考，然后动手分一分、写一写，完成学习单（二）。"

（2）小组交流，达成共识。

师："4 人组成一个小组，在组内交流一下自己的分法。"

（3）全班交流，归纳意义。

师："老师收集了一些同学的作品，请他们分享一下想法。"（展示四种分法）

第一种：请你介绍一下分法。

生1："我把 12 颗糖果看作单位'1'，平均分成 2 份，取其中 1 份就是 $\frac{1}{2}$。我还能联想到的分数有 $\frac{2}{2}$。"

师："你听懂了吗？"

第二种：谁看懂他的分法了？

生2："把 12 颗当作单位'1'，平均分成 3 份，取其中的 1 份就是 $\frac{1}{3}$。我还可以联想到 $\frac{2}{3}$，$\frac{3}{3}$。"

第三种：谁能说说这种分法？

生3："把 12 颗糖果当作'1'，平均分成 4 份，取其中的 1 份就是 $\frac{1}{4}$，我还可以联想到的分数是 $\frac{2}{4}$，$\frac{3}{4}$，$\frac{4}{4}$。"

第四种：你能很快地说出他的分法吗？

生4："把12颗糖果当作单位'1'，平均分成6份，取其中的1份就是$\frac{1}{6}$，我还可以联想到的分数有$\frac{2}{6}$，$\frac{3}{6}$，$\frac{4}{6}$，$\frac{5}{6}$，$\frac{6}{6}$。"

师："观察这些分数，你发现了什么？"

生5："单位'1'相同，平均分的份数和要表示的份数不同，写出的分数也就不同。"

师："谁能概括地说一说什么是分数呢？"

生6："把单位'1'平均分成几份，这样的1份或者几份可以用分数表示出来。"

师："数学上'几份'也可以说成'若干份'，这里的'若干份'是什么意思？"

生7："除了0份以外的任意整数份。"

生8："也就是把单位'1'平均分的总份数，它作为分数的分母。一份或几份是作为分数的分子。"

师引导小结："把单位'1'平均分成若干份，这样的一份或几份都可以用分数来表示。这就是分数的意义。"

师："谁能再完整地说说分数的意义吗？分数的意义这个问题解决了吗？"

2. 认识分数单位

师："刚才找到的这些分数中，都和哪个分数有联系？它们有什么共同的特点呢？"

生1："它们的分子都是1，都是表示1份数。"

师："像这样表示1份的分数，我们把它叫作分数单位。"

师："这个分数的分数单位是多少？它有几个分数单位？（用手指板书的分数）你能用一句话连起来说吗？谁能再找一个分数，像这样介绍一下？"

生2："$\frac{3}{4}$的分数单位是$\frac{1}{4}$，有3个这样的分数单位。"

生3："$\frac{5}{6}$的分数单位是$\frac{1}{6}$，也就是有这样的5个分数单位。"

师："同学们，观察这些分数和它的分数单位，你发现了什么？"

生 4："一个分数的分母是几，它的分数单位就是几分之一；分子是几，它就有几个这样的分数单位，也就是说，分数单位是由一个分数的分母决定的。"

设计意图：在原有的基础上，让学生找分数，从单一走向多样，进一步深化学生对分数意义的理解。经历问题"哪个分数比较重要"的交流讨论，让学生对分数的认识由形象上升到抽象，完成分数意义的建构。

3. 深入理解分数的意义

（1）观察"分数墙"。

师："同学们，我把这张纸条看作单位'1'，谁看懂了我的分法？"

生 1："把单位'1'平均分成 2 份，每份是 $\frac{1}{2}$。"

生 2："把单位'1'平均分成 3 份，每份是 $\frac{1}{3}$。"

生 3："把单位'1'平均分成 4 份，每份是 $\frac{1}{4}$。"

师："还能继续往下分吗？分得完吗？"

生 4："可以继续分，分不完。"

师："大家看，现在这个图看着像什么？我们就叫它'分数墙'。"

师："找一找，这个分数墙上有哪些分数单位？"

师："观察这些分数单位，你有什么发现？"

生 5："把同一个单位'1'，平均分的份数越多，其中的 1 份越小。"

生 6："分母越大，分数单位越小。"

生 7："把单位'1'平均分成几份，分数单位就是几分之一。"

生 8："把单位'1'平均分成几份，就有几个几分之一。"

师："我们看这一行，每份都是 $\left(\frac{1}{4}\right)$，那 2 个 $\frac{1}{4}$ 是（　　），3 个呢？单位'1'里面有几个 $\frac{1}{4}$ ？"

生 9："2 个 $\frac{1}{4}$ 是 $\left(\frac{2}{4}\right)$，3 个 $\frac{1}{4}$ 是 $\left(\frac{3}{4}\right)$，单位'1'里面有 4 个 $\frac{1}{4}$。"

（2）活动：找分数。

师："在'分数墙'上不仅能找到不同的分数单位，还能找到许多不同的分数。下面我们来玩一个叫"你说我找"游戏。谁读一下提示？同桌合作，拿出学习单（三），开始吧。"

师："你们找到了哪些不同的分数？哪个小组愿意上台找一找？"

师："怎样快速找到分数？"

生："先找到分数单位，再数出有几个这样的分数单位就找到了。"

小结：分数是由相同的分数单位累加而成的。

设计意图：分数单位是后面学习分数比较大小、四则运算的重要基础，通过几个核心问题，借助"分数墙"，引导学生理解分数单位的内涵，初步感知分数是由相同的分数单位累加而成的。

4. 探求整数、小数、分数之间的联系

师："我把最下面这条线移下来，那这一段就是多少（1）？再往下是（2，3）等。"

师："把分数单位 $\frac{1}{10}$ 移下来，那就是？"

生："把单位'1'平均分成10份，一份是 $\frac{1}{10}$，以此类推，$\frac{2}{10}$ 至 $\frac{10}{10}$，$\frac{10}{10}$ 就是1，再往下数是 $\frac{11}{10}$，还能往下数吗？"

生："可以。"

师："我们之前学过 $\frac{1}{10}$ 用小数表示就是0.1，以此类推，也就是0.2至1.0。"

师："通过在这条直线上数数，你们发现了什么？"

生："整数、小数和分数之间是有联系的，通过计数单位的不断累加，就能数出新的数。"

师："是啊，数学家华罗庚说过，'数，都是数出来的'。接下来运用我们所学的知识来解决问题吧。"

（四）分层练习，拓展提升

1. 基础练习

（1）把下面每个图形都看作单位"1"，用分数表示各图中涂色部分的大小。

（2）填空。

每个福娃是这排福娃的 $\left(\dfrac{\ }{\ }\right)$。　　　　两个冰墩墩是这排冰墩墩的 $\left(\dfrac{\ }{\ }\right)$。

2. 辩一辩

林老师买了两盒钢笔奖励学生，他从甲盒里拿出 $\dfrac{1}{5}$，从乙盒里拿出 $\dfrac{3}{5}$，你觉得这种说法对呢？为什么？请说明理由。

（五）回顾全课，延展分数内涵

你对分数有了哪些新的认识？关于分数，你还想知道什么？

【课后思考】

"生态课堂"是指把教育活动看作一个有机的生态整体，将课堂视为以学生为中心，教师和教学环境相互影响、相互作用的生态系统。数学生态课堂注重数学教学内容与学生已学内容的联系，重视情境创设，课堂中通过问题串的形式增强师生交流、生生交流，通过任务分层来满足不同学生的学习需求。

第一，在体验学习中构建生态课堂。数学生态课堂不仅注重知识的传授，更加注重学生的"体验和探究"。教师要引导学生感悟数学基本思想、积累基本活动经验，在教学设计和实践活动中，注重发展学生的理性思维，提高学生发现和提出问题的能力，让学生逐渐学会理性探究、逻辑思考、创造发现。根据三年级学生的知识经验，让其用自己的方式举例表示 1/4 的含义，在观察、分析、交流中引导学生领悟单位"1"；依据分东西的生活经验，让学生平均分 12 颗糖果，并用分数表示分得的结果。借助动手操作，学生能直观感知分数的意义，为进一步揭示分数的意义做了比较充分的准备，从而让学生自然地构建知识体系，培育数学核心素养。

第二，在问题驱动下构建生态课堂。数学生态课堂应该是注重数学思想方法的课堂。这节课为学生提供了充足的自主学习的空间和时间，首先鼓励学生围绕"什么是分数的意义"这个核心问题，独立思考，画一画、分一分、写一写；接着通过"你能找到哪些分数？""观察这些分数，你发现了什么？"等问题的驱动，引导学生与同学交流、质疑分析，从具体实例中逐步抽象归纳出分数的意义，让学生对分数的认识由形象上升到抽象，完成分数意义的建构；最后在"分数墙"上找到分数单位和分数，进一步深化学生对分数意义的理解。这种设计，一方面能激发学生的探究欲，激活学生原有的知识结构，帮助其弄清新旧概念的异同之处，为新概念的学习提供方法和思路；另一方面提升了学生的推理能力，并在无形中通过数学思想方法的渗透揭示了数学的本质。

第三，在思维进阶中构建生态课堂。生态课堂是既有知识发生、发展的过程，又有能力训练，可以促进思维进阶，有机融入数学思想和文化的课堂。本节课和学生一起玩"分数墙"游戏，让学生联系分数的产生与意义，从"1"出发，建构不同的分数单位，数出不同的分数；进而由分数单位的变化发展为直线，并让学生在直线上数出整数、分数、小数，感悟这三种数的概念在本质上的一致性，感悟计数单位在数的认识中的核心地位，培养学生的数感和符号意识，促进对学生思维进阶和核心素养的培养。

二、"数的认识"课例解析

【课前思考】

"数的认识"是人教版六年级下册第六单元"整理和复习"第1课时的内容，属于"数与代数"的知识领域。"数的认识"是系统复习的起始课，主要复习整数、小数、分数、百分数、负数的基础知识。从教学内容来看，该课时知识点多，概念零碎，关系复杂。从学情来看，学生对旧知识点已经淡忘，概念模糊，因此教学难点多，教学进度也不好把握。但六年级学生已经具有一定的学习能力，能够通过自己回顾、查书，对旧知识点进行一定的复习梳理。因此，本节课采用课前和课内有效结合的教学策略。以预学单的形式先布置学生进行自主复习，课内再组织交流，引导学生整体回顾和梳理小学阶段所学的"数"，了解各数之间的关系，构建数的知识网络，发展数感，同时逐步培养自学能力。

【教学目标】

（1）通过自主探索与合作学习，系统地掌握自然数、整数、分数、小数、百分数、负数的意义，以及它们之间的联系和区别。

（2）在整理复习中形成知识网络，掌握复习方法，提高综合运用能力。

（3）感受数学思考的条理性，激发学习兴趣，培养应用意识和创新意识。

【教学重点】

进一步理解整数、分数、小数等概念的意义，沟通联系，形成知识网络。

【教学难点】

了解数之间的联系，形成知识网络。

【教学过程】

（一）回顾整理数的知识网络

师："同学们，数学课离不开数，这节课我们一起来对小学阶段学过的数的知识进行系统的整理和复习。请看大屏幕，这是预习单第一题，大家都有印象吧，一起有感情地读一读。边读边检查你是否都填对了。"

生："填对了！"

师："预习单第二题，把 12 个数按照你喜欢的方式分类，这几份是同学们的作品，我们一起来看看，和他们分类一样的请举手。这些同学的分法你看得懂吗?"

生:"看得懂。"

师:"比较一下他们的分法,你认为谁的分法比较合理、科学?前后 4 人一组讨论一下。"

(1)第一种分法。

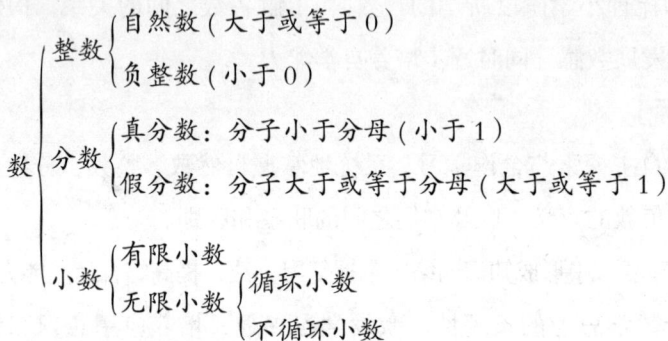

(2)第二种分法。

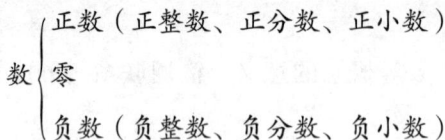

(3)第三种分法。

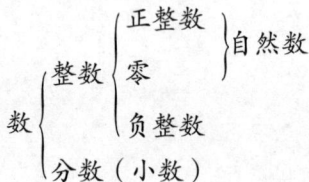

师:"这个同学的分法好在哪儿?"

生 1:"能够清楚反映出数与数之间的联系。"

师:"对这种分法你们有什么疑问或不理解的地方吗?"

生 2:"为什么小数和百分数都属于分数?"

师:"谁能来回答他的问题?"

生3："把一个整体平均分成10，100，1000份……这样的1份或几份可以用分母是10，100，1000，…的分数来表示，也可以用小数来表示，小数是分数的另一种表现形式。百分数是表示一个数是另一个数的百分之几的数，所以百分数是一种特殊的分数。"

设计意图：充分利用教材的留白，发挥学生参与知识整理的主动性和积极性，引导学生自己整理知识，教师在此过程中注意查漏补缺即可。

（二）复习直线上表示数

师："同学们，经过复习、整理和分类，我们对学过的这些数之间的联系有了一个清晰的认识。你们知道吗？这些数都可以在直线上找到并表示出来。要想表示出这些数，要先确定什么？"

生："0的位置，可以在第5格也可以在这里。"

师："你从直线上看懂了什么？"

生："以0为分界点，0左边的数是负数，0右边的数是正数。"

师："请同学们拿出学习单1，请一名同学来帮我们读一读活动要求。"

活动要求：①找一找：把这几个数在直线上表示出来。②想一想：边找边思考你是怎样快速找到这几个数的？③说一说：找完后和你的同桌说一说你是怎么找的。

师："你们觉得哪个数最不好找？"

生："$-\frac{5}{4}$。"

师："谁来说说你是怎么找的？"

生："$-\frac{5}{4}$的分数单位是$\frac{1}{4}$，代表把1平均分成四份，取其中的一份，对应的小数是0.25。$-\frac{5}{4}$可以转化成$-1\frac{1}{4}$，先在数轴上找到-1，再向左找到0.25或$\frac{1}{4}$的位置就是$-\frac{5}{4}$。"

师："其他几个数你都找对了吗？"

生："找对了！"

师："如果 –2 表示零下 2 摄氏度，那么 1 表示什么？"

生："零上 1 摄氏度。"

师："如果 0 表示海平面，那 –50 米表示什么？"

生："海平面以下 50 米。"

师："这个点还可以写成什么数？"

生："0.5，50%。"

师："这三个数为什么会在同一个位置？"

生："因为它们数值大小相同。"

师："那它们有什么不同？你能用生活中的例子来说明吗？"

生："例如 1 支铅笔 0.5 元，苹果的个数是橙子个数的 $\frac{1}{2}$，实际比计划增产 50%。"

师：也就是说，这三种数表示的实际含义不同，小数通常表示具体的数量；分数可以表示具体的数量，也可以表示两个数之间倍的关系；百分数只表示两个数倍的关系，是一个数占另一个数的百分之几，因此百分数是不能带单位的，是分数的一种表现形式。另外，小数是分母为 10，100，1000…的分数，也是分数的一种特殊表现形式。

设计意图：让学生自由地在直线上表示数，体现数形结合思想。让学生结合实际说出小数、分数、百分数的含义，进一步理解数的意义，掌握它们之间的联系与区别。

（三）复习十进制计数法

师："数可以在直线上表示，还可以在这样的一张表中找到，还记得它吗？"

生："数位顺序表。"

师："关于这个表你有什么想问的？"

生："什么是十进制计数法？"

师："谁能来回答他的问题？"

生："10个一是1个十，10个十是1个百，10个百是1个千，像这样每相邻的两个计数单位之间的进率都是10的计数方法叫作十进制计数法。"

师："这是同学们提出的疑问：数位和计数单位有什么区别？当遇到不懂的问题可以怎么办？"

生1："查书本。"

生2："问同学。"

生3："上网搜索。"

师："这是老师上网搜到的小视频，想看吗？"

生："想看。"

师："现在这个问题解决了吗？"

生："解决了。"

师："回忆一下，从一年级到六年级，这个数位顺序表在什么地方需要用到它？"

生："读数、写数、比较大小及理解小数的意义。"

（四）课堂评价

师："其实，我们每一次在计算、读写数时，都离不开这张表，它一直藏在每名同学的大脑里。接下来老师考考你们。"

（1）据统计，2022年北京冬奥会开幕式上，有40652名城市志愿者上岗服务，下列不能用来表示这个数据的选项是（　　）。

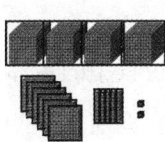　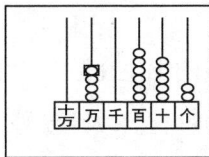　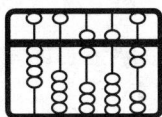

40652=4×10000+6×100+5×10+2×1

A　　　　　B　　　　　C　　　　　D

生："选项A是错的，因为它表示的数是4652，而其他三个选项都可以表示40652。"

师："说得有理有据。我再来出一题。"

（2）下面是四名同学的想法，你认为哪种想法是正确的？（　　）

A. 整数有无数个，没有最大的正整数，而0是最小的数。

B. 没有最小的负数，比负数大的数都是正数。

C. 俄罗斯的陆地面积为17075400平方千米，居世界第一，保留一位小数约为1707.5万平方千米。

D. 万级的计数单位有万位、十万位、百万位、千万位。

生："A选项，0不是最小的数，负数比0还小；B选项中，0也比负数大，但0不是正数；C选项，正确；D选项，它把计数单位和数位混淆了，万的计数单位应该是万、十万、百万、千万。所以选择C项。"

师："同意吗？"

生："同意。"

师："回答得非常完整，把掌声送给他。"

（五）课堂小结

师："通过对学过的数进行复习和整理，你有什么收获？"

生1："我对数的意义理解得更好了。"

生2："我还知道了很多数联系非常紧密。"

生3："数在我们的生活中的应用非常广泛。"

师："看来同学们都收获满满，希望你们能够带着满满的收获，进入下节课的学习。"

【课后思考】

指向深度学习的小学数学生态课堂强调学生在数学学习过程中的主体地位，注重引导学生经历自主学习数学的过程。教师要善于在课前自主阅读、课内同伴互助、难点及时介入、师生总结提升和课堂检测反馈等五个方面进行精细化设计，从而让学生实现深度学习。

毕业总复习涉及内容多、时间跨度长、学习任务重。要提高复习效率，需要分析和理解教材；要整体把握，厘清知识之间的关系，打通知识之间的壁垒；在教学中，要通过师生、生生多向互动、对话生成，相互促进，打通教与学的关系；学以致用，打通练习的通道；内化完善，打通知识与思维的障碍，使那些最为核心的基本概念和基本原理及其联系突显出来，形成良好的认知结构。

第一，研读教材，用好生态课程资源。"整体性"是生态课堂最基本、最突出的特征，只有从整体出发，宽视域、深层次、无死角地来观照、思考、建构生态课堂，才会达到教学效益最大化。从教材中不难发现，"数的认识"着重复习小学阶段所学数的概念。从纵向看，包括整数、小数、分数、百分数的有关概念，以及负数的初步认识；从横向看，包括数的意义、数的读写、数的大小比较、数的性质与数的改写。"数的意义"例1、例2涉及数的分类，整数、小数、分数的分类，分数、小数及百分数的联系和区别等知识点；"数的组成"例3涉及计数单位、数位、数级、读数、写数、数的改写、近似数、数的大小比较等知识点。根据以往教学经验，当教师提问"我们学习过哪些数？"时，学生希望尽可能地回答全面，于是把含有"数"这个字的名称一一罗列，将因数、倍数等一些从运算角度对数进行命名的名称也纳入数的概念。那么，如何让学生对数有正确、系统的认知？在教学时，本节课引导学生在共同整理过程中经历知识结构的动态建构，对数的知识进行个性化补充，挖掘各个零散要素间的逻辑关系和内在关联，并用花括号和箭头连接，形成数的关系结构图，让学生在建构过程中运用自己独特的思维，领悟结构图中包含的深刻思维和丰富智慧，使碎片化的知识成为整体，为学生知识结构的动态建构奠定基础。

第二，以生为本，营造生态课堂氛围。"自主"是构建生态课堂所追求的终极目标。由教师带领学习、提供知识，这都只是暂时的。离开了教师，离开了课堂，仍然能够通过自己的力量自主学习，才是学生永恒的财富，也是需要我们着重为学生培养的能力。总复习教学必须在学生原有的知识基础之上展开，但由于知识是逐年学习的，这些知识在学生脑海中印象模糊，结构支离破碎，因此，唤醒和激活学生已有的知识体系是实施总复习教学的前提。课前唤醒好比撒网，面要广、要全。在形式上，本节课采用预习单，设计了读一读、分一分、想一想等活动，让学生在独立完成预习单和学习单的过程中，主动去思考、去举例，唤醒已有知识，从而达到预设的目的。

第三，问题引领，实施生态教学方式。生态课堂的宗旨是一切为了学生，学生在教师引导下，自由开放地、独立自主地学习。生态课堂的流程可分为"领受""领悟""提升"三个阶段。①领受：教师提出问题，学生弄清问题的含义，接受学习任务。②领悟：通过对问题的探究和讨论，学生解决问题，领会新知识，生成新知识。③提升：对新知识进行应用和拓展，使学生的思维能力和创新精神得到发挥和张扬。苏霍姆林斯基说："在人的心灵深处，有一种根深蒂固的需要，希望自己是一个发现者、研究者、探索者。而在儿童的精神世界中，这种需要更加强烈。"复习教学中要以问题为核心，让学生围绕问题探寻知识的本源，从而提高学生学习的主动性，激发他们的求知欲，活跃其思维。本节课的教学过程围绕三个问题展开。第一个问题是"数怎么分类？这些数之间有什么联系？"第二个问题是"这些数在直线上怎么表示？"第三个问题是"从下表中你读懂了什么？"在课堂中，教师积极呈现不同层次的作品，让学生感受数按照不一样的标准来划分，结果是不一样的。多元思维带给学生不一样的视角和丰富的体验，为下一步求同存异的交流做好铺垫。

三、"有余数的除法"课例解析

【课前思考】

"有余数的除法"是人教版二年级下册第六单元的教学内容，属于"数与代数"的知识领域。它是在学习表内除法（一）（二）之后学习的，是表内除法知识的延伸和拓展，也是之后继续学习除法的基础，具有承上启下的作用。

"有余数的除法"作为本单元的起始课，从学生的知识和经验层面来看，他们在前一阶段学习了表内除法，已经接触了许多正好全部分完的实例，积累了平均分活动的经验，懂得用除法来解决平均分的问题，多数学生对除法的意义有了深刻的认识。二年级的学生以具体形象思维为主，想完成形象思维向抽象逻辑思维的转变，需要通过摆拼等直观的操作活动促进学生理解，逐步发展抽象思维。但对于分完后还有剩余的情况，受已有认知的影响，会产生认知冲突。在生态课堂中，学生以合作为途径，以互助的方式参与学习活动，这有利于其深刻理解余数及有余数除法的含义，完善对除法的认知结构，弄清余数与除法的关系，正确计算有余数的除法，解决有余数除法的相关问题，为后续相关学习奠定基础。

【教学目标】

（1）学生能够结合真实的情境，理解并描述"有余数的除法"算式的含义，认识余数，探索并发现余数和除数的关系，理解余数要比除数小的道理，增强全面思考问题的意识。

（2）在获取知识过程中，积累观察、操作、对比、抽象和概括等数学活动经验，形成初步的数感、运算能力和推理意识。

（3）在独立思考、自主探索、合作交流中感受自身认知的增长和能力的发展，增强学好数学的信心。

【教学重点】

理解有余数的除法及余数的含义，探索并发现余数和除数的关系。

【教学难点】

理解余数要比除数小的道理。

【教学过程】

（一）揭示课题，提出疑问

1. 开门见山，揭示课题

师："今天我们一起来探究有余数的除法，看到这个课题，你想提出什么问题?"

2. 独立思考，提出问题

生 1："什么是有余数的除法？"

生 2："余数有什么秘密？"

…………

设计意图：本环节开门见山，直切主题，充分调动学生的学习主动性，在猜想中进一步激发学生想要解决问题的欲望，形成质疑的习惯，为接下来的探究活动做好准备。

（二）勾连经验，理解意义

驱动问题一：什么是有余数的除法？

1. 独立思考，尝试表征

师："咱们先来探究第一个问题：什么是有余数的除法？几根小棒可以摆一个独立的正方形呢？"

生："4 根。"

师："下面我们就来摆这样的正方形！"

任务一：用 8 根、9 根小棒摆独立的正方形。

师："请同学们拿出老师提供的小棒摆独立的正方形，请看活动要求。"

活动要求：①摆，用小棒摆正方形。②画，把摆的结果画出来。③写，用一个算式表示分的过程和结果。

2. 数形结合，理解含义

教师巡视并展示学生作品，组织全班学生进行反馈汇报。

师："谁能再来说说 8 根、9 根小棒是怎么摆的呢？"

生 1："我有 8 根小棒，摆了两个独立正方形。"

生 2："我用 9 根小棒，摆了两个正方形，还多了 1 根。"

师："那这两种摆法有什么不同吗？"

生："一种是刚好分完，另一种是还有剩余。

师："那么，你们能用一个算式表示 8 根小棒摆的过程和结果吗？并且结合图形说说这个算式中 8，4，2 分别在哪儿吗？"

生："8÷4=2（个），被除数 8 是指总共有 8 根小棒，除数 4 是指每 4 根小棒摆一个正方形，商 2 是摆的结果，可以摆 2 个。"

3. 规范表征，认识余数

（全班巡视，展示 3 名学生的作品）

生 1："9÷4=2 个。"

生 2："9÷4=2 个余 1 根。"

生 3："9÷4=2 个……1 根。"

师："仔细观察这三个算式，你们认为哪个算式更能体现摆的过程和结果？"

生 1："我认为是第二个，因为总数是 9 根小棒，摆一个正方形需要 4 根，摆了 2 个，还多了 1 根。"

生 2："我认为是第三个，因为有 9 根小棒，每 4 根摆一个正方形，摆了 2 个还剩下 1 根。

生 3："我认为第一个算式不行，没有把剩下的 1 根表示出来。"

师："第二、三个算式都能体现摆的过程和结果，但数学有自己的符号，规定用省略号表示剩余，因此第三个算式更简洁。这个算式先听听老师怎么读：9 除以 4 等于 2 根余 1 根。如分完后有剩余，剩下的这 1 根就叫作余数。"

4. 对比发现，深化理解

师："你能再结合图形说说这个算式中各个数字分别表示什么意思吗？"

生："被除数 9 表示 9 根小棒，除数 4 表示每 4 根摆一个正方形，商 2 表示摆的结果，余数 1 表示还剩下 1 根。"

师："观察两次小棒的摆法及算式，你能发现有什么相同点和不同点吗？"

生 1："算式中一个有余数，一个没有余数。"

生2："第二个算式的单位不同，2表示2个正方形，因此单位是'个'；1表示剩下1根，因此单位是根。"

生3："都是用除法算式。"

师小结："是啊，数学知识是有根的，它是会生长的！像正好分完可以用除法表示，而分完后还有剩余也可以用除法表示，这样的除法就是有余数的除法。那么，现在什么是有余数的除法这个问题解决了吗？"

设计意图：利用结构化的思想，将表内除法和新知进行横向关联。学生在对两次小棒的摆法及算式的对比中，用联系的眼光多维度地审视、迁移、建构"有余数除法横式"的结构认知，在数形结合中理解有余数除法的意义，形成"余数"的清晰表象，促进学习的深度发生。

（三）深度探究，理解关系

驱动问题二：余数有什么秘密？

展示学生作品：

小棒根数	摆的结果	算式
9	□□l	9÷4=2个……1根
10	□□ll	10÷4=2个……2根
11	□□lll	11÷4=2个……3根
12	□□□	12÷4=3个
13	□□□l	13÷4=3个……1根

师："你们同意他的做法吗？你发现了余数的哪些秘密呢？"

生1："我发现余数越来越大了。"

生2："第四个算式，商是3不是2。"

生3："余数是1，2，3，都比4小。"

师："那余数为什么比4小呢？余数可以是4吗？可以是5吗？"

生："余数只能比4小，余数是4，又可以摆一个正方形。余数是5，就可以再摆一个正方形，还剩下1根。"

师："那余数究竟和谁有关？有什么关系呢？"

生1："余数和除数有关系，而且必须比除数小，余数如果等于除数，又可以摆一个正方形，因此余数小于除数。"

生2："余数和除数有关系，而且必须比除数小，余数如果大于除数，又可以摆一个正方形，还剩下小棒，所以余数小于除数。"

师："大家都说得很有道理！看来余数必须小于除数。"

师："通过操作摆小棒，再观察算式，最后比较算式之间的相同点和不同点，你们发现了余数小于除数的这个关系，真了不起！"

设计意图：借助摆小棒的活动经验和思维经验，学生在观察、比较、迁移、优化中经历"操作—思考—交流—表达"的说理过程，明晰余数必须小于除数的道理，抽象出"余数小于除数"的知识结构，培养学生的推理意识、合作意识和正确书写的学习习惯。

（四）巧设练习，应用提升

（1）圈一圈，填一填。

9支铅笔，每人分2支。可以分给（　）人，还剩（　）支。

$9 \div 2 = \boxed{}$ （　）$\cdots\cdots$ $\boxed{}$ （　）

（2）画一画，填一填。

9支铅笔平均分给4人，请把分的结果画出来。

每人分（　）支，还剩（　）支。

$\boxed{} \div \boxed{} = \boxed{}$ （　）$\cdots\cdots$ $\boxed{}$ （　）

（3）选一选，填一填。

用一些小棒摆图形，选择一个自己喜欢的图形摆一摆。

①我想摆（　　）。

A　　　　　　　B　　　　　　　C

②如果有剩余，可能剩（　　）根。

③我是这样想的：＿＿＿＿＿＿＿＿＿＿＿＿＿＿＿＿＿＿＿＿。

（五）畅谈收获，回顾反思

在今天的学习中，你们是怎么探究的？有什么收获？

【课后思考】

生态课堂强调以学生为本，注重学生的主体性、个体差异性及课堂环境的和谐性，旨在打造一个充满生机与活力的数学学习空间。本节课把握学习内容的数学本质，立足学情提炼核心问题，再围绕核心问题设计探究活动，让学生在动手操作中感知余数，以及余数和除数的关系，同时让学生在主动探究中深思考、真探究、能说理，不断提升各项能力。

第一，在动手操作中发现余数。"纸上得来终觉浅，绝知此事要躬行。"余数是怎么产生的？余数是什么？有余数的算式怎么写？这些问题的答案与其让我来苦口婆心地告诉学生、指导学生如何去写，倒不如学生真正去体会它的产生过程，探索出算式写法。9根小棒摆了两个正方形，还剩1根。这引发了学生的认知冲突，原来平均分时没有剩余，这次出现了剩余，这便是余数的产生。由动手操作到语言表征，让学生说一说是怎样摆的。再到探索有余数的除法算式的写法，学生发明的算式就像是自己精雕细琢的艺术品，对它总能有深刻的理解。在算式的比较中，我们找到了更切合实际的算式，让学生提出疑问，在问与思中加深对算式的理解。

余数究竟是什么？要发挥学生摆正方形之后思维的创造力，并让学生根据亲身实践说说自己感知的余数。

第二，在观察、对比中理解含义。首先通过设计用不同根数小棒（8根、9根）摆正方形过程的对比，让学生理解有余数除法的含义。从摆的过程上对比，帮助学生感知平均分物过程中的两种结果（刚好分完和平均分后有剩余），在对比中扩展学生对除法的认识，更好地理解余数。其次是两个除法算式的对比，对比理解算式中每个数的含义，加深对有余数除法的理解。这种设计有利于学生构建新旧知识之间的联系，培养观察、比较、分析能力。

第三，在质疑、说理中探究奥秘。当新知识刚刚产生时，学生对它的理解是稚嫩的、不全面的，需要经历"直观动作思维—具体形象思维—抽象逻辑思维"的思维演变过程，培养初步的抽象思维能力，以促进学生更加有效的学习。学生在理解有余数除法的意义的基础上，通过增加用小棒摆正方形的操作过程，以及脱离小棒画图或想象摆的结果，观察余数，交流自己的发现并提出自己的困惑。这种设计一方面巩固了学生对除法和有余数除法含义的理解，帮助其感知除数和余数之间的关系；另一方面向学生渗透了借助直观研究问题的意识和方法。

四、"除数是整十数的笔算除法"课例解析

【课前思考】

"除数是整十数的笔算除法"是人教版四年级上册第六单元例1、例2的相关内容。学生学习了除数是一位数的除法，掌握了除法计算的笔算方法和基本的试商方法，为本节课的学习打下了知识基础。通过前面的学习，一部分学生具备了用观察、归纳、迁移、类推、合作探究等方法学习知识的认知体验，因此教师在教学中要充分调动学生学习的积极性和主动性，引导学生从除数是一位数的除法计算中迁移、类推到除数是整十数的

笔算除法中，培养他们的自主学习能力。由于小学四年级学生的思维正处于由具体形象思维向抽象逻辑思维过渡的阶段，学生之间存在个体差异，因此，为了保证底线教学，让每个学生都能理解算理，既可以借助教材进行自主学习，也可以借助直观学具帮助学生理解算理，再通过在计算中进行思考与交流等数学活动，让学生从感性认识上升到理性认识，逐步建构除数是整十数的笔算除法的计算方法。

生态课堂是根据生态学理论，充分利用生态环境条件而建立的一种课堂教学形式。教师要关注每个学生，要创造、改善、优化课堂"生态环境"，实施个性化教学，促进学生个性、幸福地成长。用生态课堂来打造"除数是整十数的笔算除法"一课，可以让学生在轻松愉快的氛围中自学互学，充分发挥个性，自主发现问题、解决问题，掌握算法，理解算理，培养数感。

【教学目标】

（1）掌握除数是整十数的笔算除法的计算方法，能正确进行笔算。

（2）经历除数是整十数的笔算除法的计算方法的探究过程，通过对商的位置的探讨理解算理，培养学生的数感和运算能力。

（3）培养学生认真仔细、书写工整的学习习惯，以及独立思考、善于合作的学习能力。

【教学重点】

探索除数是整十数的除法的笔算方法并理解算理。

【教学难点】

理解除数是整十数的除法的算理，明确商的书写位置的原理。

【教学准备】

教具：多媒体课件。

学具：学习单。

【教学过程】

（一）复习导入，联系旧知

1. 口算练习

题目：90÷30＝（　　　）　　120÷60＝（　　　）　　810÷90＝（　　　）

200÷50＝（　　　）　　320÷40＝（　　　）　　140÷20＝（　　　）

350÷49≈（　　　）　　142÷70≈（　　　）　　80÷（　　　）＝20

363÷（　　　）≈4

师："首先进行1分钟口算练习，请同学们准备好笔，计时开始。哪名同学能说说350除以49你是怎么算的？"

生1："我是把除数49估成50，350除以50等于7，因此350除以49约等于7。"

师："142除以70呢？"

生2："因为除数是70，所以将被除数估成140，因此142除以70约等于2。"

师："大家同意吗？有什么要补充的？"

生3："估算时，我们可以根据实际，有时先确定除数，有时先确定被除数，然后估算。"

师："在刚才的口算练习中，全部答对的同学得三颗星，答对8~9道题的同学得两颗星，答对6~7道题的同学得一颗星。得三颗星的同学请举手，祝贺你们全部答对了；做错的同学继续加油，不要气馁，注意订正一下错题。"

2. 交流预习单

师："请大家拿出课前完成的预习单，跟小组同学交流一下应怎样计算除数是一位数的笔算除法。"

生1："除数是一位数的笔算除法，先除被除数的首位，首位不够除再除被除数的前两位，除到被除数的哪一位，就把商写在那一位上面。"

生2："我补充，每次除得的余数要比除数小……"

师："看来同学们都熟练掌握了除数是一位数的笔算除法，今天这节课我们将继续学习笔算除法。"（板书：笔算除法）

设计意图：通过设计口算、试商、笔算等练习，唤醒学生已有的关于笔算除法的知识记忆，引导学生将两个算式联系起来观察，为学生借助"92÷3"的算理算法来解决"92÷30"打下基础，引导学生建立迁移的意识。

（二）自主探究，理解算理

1. 教学例 1

题目：学校图书室买来 92 本连环画，每班 30 本，可以分给几个班？

师："请看大屏幕，哪名同学愿意大声地把题目读一下，并说说解决这个问题应该怎样列式，为什么。"

生 1："列式为'92÷30'，因为题目是问 92 里面包含着几个 30，所以用除法计算。

师："'92÷30'的结果是多少？课前同学们已经先尝试去研究了，哪名同学来分享一下你的研究成果。"

展示预习单，学生介绍分享，交流算法。

（1）估一估。

生 2："我是用估算的方法，先把 92 估成 90，因为 90÷30=3，所以 92÷30≈3。"

（2）圈一圈。

生 3："我是用圈一圈的办法，因为 92 里面有 3 个 30，所以商是 3。"

（3）笔算。

生 3："我还会用笔算的方法来解决。"

设计意图：在自主尝试这一环节，无论是引导学生进行估算，还是引导学生借助小棒图直观展示结果，都是为了学生能对商中"3"的位置进行定位，使学生不断加深对算理的认识，为知识的迁移夯实基础。

（4）数形结合，理解算理。

师："观察竖式，你们有什么疑问吗？"

师："老师有几个疑问，你能结合小棒图解释一下吗？"

生1："'3'为什么写在个位上？"

生2："'90'是怎么来的？2指的是什么？各自表示的是什么？"

师："有价值的问题。哪名同学能解决这些问题？"

生3："通过刚才的'圈一圈'，我们发现92里面有3个30，92是被除数，30是除数，商就是3，因此要写在个位上。

师："数形结合是一种好方法。大家明白了吗？"

生4："我补充，如果3写在十位上，表示3个10，就是30。用验算的方法，30乘以30就会得到900，不可能得到90，因此3只能写在个位上，表示3个1。"

师："听明白了吗？"

生5："明白了。他用倒推法验证3只能在个位上。"

生6："我想提醒同学们，每次做除法时，余数要比除数小。"

生7："我们可以用商乘除数再加上余数的方法来检验。"

师："请大家在竖式旁边动手验算一下……"

设计意图：通过将竖式计算过程与小棒图对应起来汇报，为学生说明算法、讲明算理提供支持，真正实现学生自主探究，培养学生分析问题和解决问题的能力。

（5）再次梳理"92÷30"的笔算过程。

师："下面我们跟着电脑再次梳理一下'92÷30'的笔算过程。"

教师适时板书。

设计意图：通过梳理，学生能够更加深入地理解算理，规范书写笔算过程。

2. 教学例 2

题目：$178 \div 30 = ?$

（1）尝试笔算。

师："现在同学们会计算两位数除以两位数了吗？老师给同学们准备了一道笔算题'$178 \div 30 = ?$'这道题是三位数除以两位数，你们敢挑战一下吗？请把题目抄下来在预习单反面计算，一名同学到黑板上板演。"

（2）汇报交流。

师："说说你是怎么算的？大家同意他的做法吗？想对他提出什么问题?"

生 1："商为什么写在个位上?"

生 2："可以借助刚才'$92 \div 30$'的经验，用倒推法可以验证商是一位数，所以要写在个位上。"

生 3："也可以用验算的方法来验证。"

生 4："其实，除数是 30，我们就要先看被除数前两位，因为 17 比 30 小，所以要看前三位，即 178 个 1 除以 30，得到 5，因此商写在个位上。"

生 5："你是怎么想到商是 5 呢？商是 6 可以吗?"

生 6："商是 5，乘 30 得到 150，比 178 小，够分；如果商是 6，乘 30 得到 180，比 178 大，分不了。"

生 7："他的意思是每次分得的数，即商乘除数所得的积要比被除数小……"

（3）提炼方法。

师小结："刚才我们学习了除数是整十数的笔算除法（板书：把课题补充完整）。除数是一位数的除法和除数是整十数的除法的计算方法是否一样？除数是一位数，我们在试商时，要先试除被除数的前一位；如果除数是两位数，我们就要先试除前两位，如果前两位不够除，就除前三位，除到哪一位，商就写在那一位上面。总之，余数要比除数小。在学习数学时，经常用学过的知识与方法来帮助同一类知识的学习方法，叫迁移。"

设计意图：在学习例 1 的基础上，放手让学生独立完成例 2 的探究，让学生独立经历"发现—尝试—操作—验证—表达—质证"的过程，学会自主学习，激发探究的欲望与兴趣。

（三）巩固练习，加深理解

（1）想一想，填一填。

$30\sqrt{64}$　　64里面有（　）个30，故而商是（　），商写在被除数的（　）位上。

$80\sqrt{565}$　　因为被除数的前两位（　），要看前（　）。

　　　　　　80×（　）接近565且小于565，故而商是（　）。

（2）下列算式中计算错误的是（　）。

A. $\begin{array}{r} 8 \\ 50\sqrt{420} \\ \underline{400} \\ 20 \end{array}$

B. 84÷20可以这样表示：

⟨20⟩　⟨20⟩　⟨20⟩　⟨20⟩　4

C. $\begin{array}{r} 5 \\ 40\sqrt{230} \\ \underline{200} \\ 30 \end{array}$

D. $\begin{array}{r} 7 \\ 30\sqrt{250} \\ \underline{210} \\ 40 \end{array}$

（3）四年五班准备买一些体育器材，奖励本次校运动会获奖的运动员。

　　用175元可以买几个小足球？还剩多少元？下列说法中正确的是（　）。

30.00元

A. 可以买6个小足球，还剩5元

B. 可以买4个小足球，还剩55元

C. 可以买5个小足球，还剩25元

D. 可以买50个小足球，还剩25元

（4）王阿姨的聊天软件里有零钱168元，如果她每次发50元的红包，够发3次吗？请说明你的理由。

设计意图：通过不同层次、不同形式的练习，能让学生熟练掌握除数是整十数笔算除法的技能，培养学生解决生活中数学问题的能力和认真仔细的学习习惯。

（四）课堂总结，建构体系

这节课你掌握了什么知识？领悟到什么学习方法？

设计意图：引导学生结合板书，将学习内容和学习方法用比较精练的语言概括梳理出来，这不但培养了学生的梳理概括能力，更实现了学生学习方法体系的建构。

（五）布置作业

完成延学单上的作业。

【课后思考】

生态教育认为，学生不仅是认知体，更是生命体。教师不仅要关注学生的精神生命，而且要为学生营造健康成长的生态环境。每个学生都是独一无二的，他们有着认知差异、情感差异等，因而，教师应当承认个体差异，重视个体体验，营造让学生感到和谐融洽的氛围。

第一，构建"生命"课堂，尊重个性差异。教师要像对待荷叶上的露珠一样，小心翼翼地保护学生幼小的心灵，尊重他们的人格和尊严，认可他们独具个性的发言和方法。本课例中，在解决"$92 \div 30$"问题时，采用了"估一估""圈一圈""笔算"等多种方法，尊重学生的个性，然后使他们在互学展学中掌握算法、理解算理。教师及同学们的肯定，让课堂多了宽容、多了尊重、多了激励、多了赏识，学生才能张扬个性，从不同的角度来解决问题。

第二，创建"和谐"课堂，适应个性差异。和谐的生态课堂追求各因素间的稳定、平衡，师生和谐共进，实现学生个体最大限度的进步与发展。美国当代著名心理学家加登勒指出，在过去，教学的最大错误是：假定全体儿童是没有差异的同一个体，而以同一方式教授同一学科般地对待全体儿童。生态课堂要求教师调整教学模式，实施个性化教学。个性化教学的核心是教师要适应学生，用分化教学来适应学生的差异性。本课例中，学生在小组交流中达成共识，解决了"商为什么写在个位上"这个问题，并能用数形结合、倒推验算等办法来验证。

第三，实现"自主"课堂，凸显学生个性。生态课堂教学过程必须尽量减少对学生学习时间的占领，把学习的大部分时间交给学生，让学生自己体验和感悟，获得对知识的一种整体感知。例如，本课例中，先由生活情境导入，发现并独立思考问题，在组内交流和全班交流中解决问题；然后将所学的知识应用到生活中；最后通过多元、多向、多层次的讨论，让学生依循个性，对已有的领悟重新进行组合、选择、建构，使体悟水平向更深层次内化，取得更佳的学习效果。

第四，坚持"人文"课堂，张扬学生个性。生态课堂的评价重视过程性评价，实现了由"单一化"向"多元化"的转变，充分关注学生学习过程中多方面的体会和感受。例如，在课堂中，学生自主地提出多种解决问题策略、从多个角度来理解算理，教师对这些行为都给予了恰当的、积极的评价，可见教师应充分利用和挖掘丰富的个性化教育资源，张扬学生个性，提升课堂教学质量。

五、"认识人民币——解决问题"课例解析

【课前思考】

"认识人民币——解决问题"是人教版小学数学一年级下册第五单元的教学内容，是在学生学习了 20 以内的退位减法、认识了人民币的基础上进行的教学。本节课要引导学生经历解决问题的三个步骤，积累解决问题的经验，培养模型意识和应用能力。由于学生还没有学习 100 以内的加减法，问题解决中所出现的数据只涉及 20 以内加法的简单数据。但正因为题中的数据较小、数量关系简单，学生凭借口算"看数凑数"的方法很快就能找到答案，所以我们往往会片面地认为学生已经会解答此类型题

目，没必要浪费太多的时间在方法策略的讲解上，几分钟就可以结束例题教学。而根据本节课的教材编写意图，并不仅仅满足于学生会解题，更重要的是通过学习让他们掌握"尝试－调整"和"有序罗列"这两种解决问题的基本策略，初步学会有序思考，从而培养学生分析问题和解决问题的能力，积累数学活动经验。

【教学目标】

（1）能够运用"尝试－调整"和"有序罗列"的策略解决购物中的简单问题。

（2）经历解决问题的过程，积累解决问题的方法和经验，初步学会有序思考。

（3）了解生活和数学之间的联系，感受数学的应用价值。

【教学重点】

掌握用"尝试－调整"和"有序罗列"解决问题的方法策略。

【教学难点】

运用策略解决问题，体会有策略和有序思考的优势。

【教学过程】

（一）直面课题，复习导入

师："（指着课题）关于解决问题，我们学过不少知识。谁能来说一说解决问题的三个步骤是什么？"

生："第一步是看已知条件和要解决的问题是什么。"

师："也就是你知道了什么。"

生："第二步是怎样解答。"

师："那么，解决了之后，我们怎样知道是不是正确的呢？"

生："还要检验。"

师："非常好，也就是要看解答是否正确。看来同学们对我们学过的知识都掌握得比较牢固，那么今天这节课就让我们带着这三个步骤，继续来探索解决问题的奥秘吧！"

（二）探究问题，寻找策略

1. 理解题意

师："请同学们仔细观察大屏幕，说一说你能从中发现哪些数学信息？"

生1："《数学天地》5元，《画刊》6元，《卡通世界》8元，《连环画》7元。"

生2："要解决的问题是，用13元正好可以买下面哪两本杂志？"

师："观察得非常仔细。那么对于这个问题你有什么想说的、想问的，关键词是什么？"

生1："13元。"

生2："两本杂志。"

生3："正好是什么意思？"

师："太了不起了，很会思考。这个'正好'，到底是什么意思呢？谁能来帮这名同学解答？"

生1："'正好'就是刚刚好。"

生2："不多也不少。"

设计意图：读懂题意是解决问题的前提，在此环节，应尽可能让学生全面了解信息，并抓住关键词，充分理解"正好"一词的含义，为后面解决问题打下基础。"用13元正好可以买下面哪两本杂志？"这个问题中带着结果信息，隐含着引导学生用分析法解决问题。

2. 解决问题

师："现在对于这个问题，我们已经分析得非常透彻了，那么怎么解决呢？别着急，请看大屏幕，我们先一起来看一看活动要求，谁能用最洪亮的声音给大家读一读活动要求？"

活动要求

① 想一想：怎样才能让两本杂志正好是13元呢？

②写一写：在作业纸上把你思考的过程记录下来。

③说一说：先把时间留给自己，再和你的同桌说一说你是怎么想的。

师："声音很哄亮。下面请同学们带着问题和要求，开始探索吧！"

（1）"尝试－调整"策略。

师："大部分同学以最端正的坐姿告诉老师他完成了，我们一起来看看台上同学的作品。"

生1：

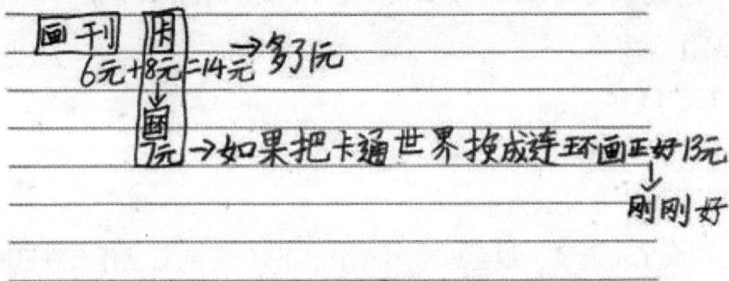

师："我们请这名同学上台来说一说，他是怎么想的。"

生1："我先随便选两本，一本《画刊》，一本《卡通世界》，总共是6+8=14（元），题目要的是正好13元，14元比13元多了1元，因此要换一本便宜一点的，我把《卡通世界》换成《连环画》7元，总共6+7=13（元），刚好符合题目的要求。"

师："他的想法你们听懂了吗？谁能像他这样也来说一说？"

（指名多个学生说清解题思路。）

师："像这种先任意选两本，再根据结果来进行调整的方法，数学上把它叫作'尝试－调整'。"

设计意图：在教学"尝试－调整"策略时，并不急于让学生找到结果，而是重点调整教学的方向性，每次调整之前，先思考调整方向，养成先判断调整方向再动手调整的习惯。"尝试－调整"策略不仅能使学生学会灵活解决问题，而且能间接地巩固学生对数之间大小关系的认识。

（2）"有序罗列"策略。

师："除了这种方法，还有其他方法吗？我们一起来看这名同学的方法。"

生2：

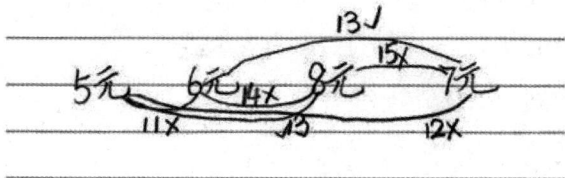

师："同样的，我们也请这名同学来说一说他是怎么想的。"

生2："我把《数学天地》5元和《画刊》6元加起来等于11元，不符合题目要求；把《数学天地》5元和《卡通世界》8元加起来等于13元，刚好符合题目要求；把《数学天地》5元和《连环画》7元加起来等于12元，不符合题目要求；把《画刊》6元和《卡通世界》8元加起来等于14元，不符合题目要求；把《画刊》6元和《连环画》7元加起来等于13元，刚好符合题目要求；把《卡通世界》8元和《连环画》7元加起来等于15元，不符合题目要求。"

师："这名同学的想法，你们听明白了吗？"

生："明白了！"

师："那敢不敢跟着老师一起来把这名同学的思考过程整理一遍呢？"

生："敢！"

师："第一步，他先做什么？"

生："他先把《数学天地》固定住，再和其他杂志合起来。"

师："把《数学天地》固定住，先和谁'手拉手'搭配？"

生："《画刊》。"

师："列的算式是？"

生："5+6=11（元）。"

师："符不符合题目的要求？"

生："不符合。"

师："再和谁搭配？"

生："《卡通世界》。"

师："列的算式是？"

生："5+8=13（元），刚好符合题目要求。"

师："那么到这里就结束了吗？"

生："没有。"

师："还要怎样？"

生："接着要和《连环画》搭配，列的算式是 5+7=12（元），不符合题目要求。"

师："非常好！那么现在《数学天地》已经和其他杂志都'拉过手'了，我们解答完了吗？"

生："没有，我们只固定了《数学天地》，还有其他的没固定。"

师："那么下一个要固定谁？"

生："《画刊》。"

师："也像刚刚那样，把要和《画刊》'手拉手'搭配的方法都说一说吧！"

生："《画刊》先和《卡通世界》搭配，列的算式是 6+8=14（元），不符合题目要求；再和《连环画》搭配，列的算式是 6+7=13（元），刚好符合题目要求。"

师："固定《画刊》后，所有的搭配方法我们都找出来了吗？"

生："没有，还得和《数学天地》搭。"

师："大家同不同意？"

生："不同意。因为《数学天地》和《画刊》'手拉手'的情况我们写过了。"

师："回过头来，仔细观察，咦，这种方法我们已经表示过了，要不要再写一遍？"

生："不用，这样太麻烦了。"

师："数学是一门讲究简洁美的学科，相同的情况我们就不用再写一遍了。好，那固定《画刊》后，所有的搭配方法我们都找出来了，结束了吗？"

生："还没有，还要固定《卡通世界》。"

师："和谁搭？"

生："和《连环画》搭，列的算式是 8+7=15（元），不符合题目要求。"

师："固定《卡通世界》后，只有这一种搭配方法吗？"

生："是的，因为其他的我们都写过了，再写就重复了。"

师："同学们真是太了不起了。现在请你们瞪大双眼，仔细观察，我们写出来的算式，想一想所有的两两'手拉手'搭配的可能，我们都写出来了吗？"

生："写出来了。"

师："那请你们再想一想我们刚刚解决问题的过程，你们有什么发现？"

（生支支吾吾，答案浅层表面。）

师："我们表示出来的这些搭配方法有没有重复的或者遗漏的？"

生："没有。"

师："为什么我们能做到不重复、不遗漏？"

生："按顺序。"

师："太棒了！我们之前学过了，有序的解答能够帮助我们快速地解决问题。那么这种有序地把所有搭配的可能性表示出来的方法，在数学上叫作'有序罗列'。我们罗列出来的这些方法都符合题目的要求吗？"

生："不是。"

师："有哪些是符合的？"

生："《数学天地》和《卡通世界》或者《画刊》和《连环画》。"

设计意图：教学"有序罗列"策略的重点是教学有序性，在这里，通过一个设问"为什么我们能做到不重复、不遗漏?"让学生在无序和有序的对比中进一步体会有序思考的优越性。

3. 检验

师:"现在我们找出了两种解决问题的方案,完成了解决问题的第二个步骤,接下来还要干吗?"

生:"检验,看解答是否正确。"

师:"怎么检验?"

生:"把算式上的钱在图中找一找,看有没有我们要的杂志。"

师:"说得非常好,也就是把算式代到题目中去检验。比一比、看一看,解答正确吗?"

生:"非常正确!"

师:"结束了吗?"

生:"还没有,还要口答。"

师:"怎么答?"

生:"答:用13元正好可以买《数学天地》和《卡通世界》或者《画刊》和《连环画》。"

师:"几本?"

生:"都是1本。"

师:"对,要把数量说清楚。"

4. 观察比较,优化策略

师:"同学们真是太了不起啦!用不同的方法解决了这道题。那现在请你们看一看、想一想这两种方法,它们分别有什么优点和缺点?"

生1:"'尝试-调整'策略可以很快找出答案。"

生2:"'有序罗列'策略有点儿复杂,要写的东西很多。"

师:"我们一起来看看,用'尝试-调整'策略找出了几种符合题目要求的搭配方法。"

生:"1种。"

师："用'有序罗列'策略找出了几种？"

生："2 种全部找出来了。"

师："是的，这也是'尝试－调整'策略的一个缺点，虽然它快，但是不一定能够找出所有符合题目要求的搭配方法；而'有序罗列'策略虽然复杂，但是它能够帮助我们找出符合题目要求的所有搭配方法。它们各有自己的优点和缺点。"

设计意图：引导学生观察、比较不同的方法来解决问题，体会方法的多样性和灵活性。

（三）运用策略，解决问题

师："现在这两种方法你们都掌握了吗？敢不敢接受老师的挑战？"

生："敢!"

师："请同学们看课本第 56 页'做一做'，根据解决问题的三个步骤，运用我们刚刚的方法试着解决这道题吧！同样的，先把时间留给自己，再把你的想法说给同桌听。和同桌说明白了，再来和全班同学说一说。"

师："有结果了吗？这道题和我们刚刚那道题有什么不一样的吗？"

生："钱不一样，刚才是 13 元，现在是 15 元。"

师："唉，规定的钱数不一样。现在我们一起来看台上同学的作品。"

生 1："我先随便选两本出来，我选的是《卡通世界》和《画刊》，合起来一共是 14 元，比题目要求的钱数少，所以我把比较便宜的《画刊》换成《连环画》，这样《卡通世界》和《连环画》合起来就是 15 元，刚好符合题目要求。"

$$8元+6元=14(元)$$

7元　　15

连环画

师："你们听明白了吗？他用的是什么策略呢？"

生："'尝试 – 调整'策略。"

师："还有没有其他策略呢？"

生："'有序罗列'策略。"

师："请你来说说看。"

生："和刚刚第一题一样，一本一本固定住，把每种'手拉手'的方法都找出来，发现只有《卡通世界》和《连环画》符合题目的要求。"

师："说得非常好。但是老师看到另一名同学，她是这样写的。这次，她有没有把所有搭配的可能都写出来？"

$$6元+\begin{cases} 8元=14元 \\ 7元=13元 \end{cases}$$

$$8元+7元=15元\checkmark$$

生："没有，她没有固定住《数学天地》。"

师："这样可以吗？认为可以的举手。我们请认为可以的同学来说一说为什么你认为可以。"

生："因为《数学天地》只要 5 元，对于 15 元来说比较小，不用算就知道不符合题目的要求。"

师："听明白了吗？现在你觉得可以不固定《数学天地》吗？"

（学生一致认为可以。）

师："看来我们在选择数据时，还要结合题目的要求和实际情况。"

设计意图：通过课本"做一做"练习，让学生进一步巩固所学策略，体会有序思考的优势，并培养学生要根据实际情况来选择最佳策略的意识。

（四）课堂小结

师："谁能来说一说，你有什么收获？"

生 1："我们复习了解决问题的三个步骤。"

师:"全班一起来说一说解决问题有哪三个步骤?"

生:"知道了什么?""怎样解答?""解答是否正确?"

师:"谁还想再来说一说有什么收获?"

生 2:"学会了'尝试 – 调整'策略和'有序罗列'策略这两种策略。"

师:"非常好,学会了解决问题的策略。除了这些策略,还有没有其他的呢?希望同学们能够带着今天的收获,继续探索数学王国的奥秘。下课!"

设计意图:学生在畅谈收获中,回顾体验探究学习的快乐,感受用不同策略解决问题的思想方法。每名学生都在课堂中获得了不同程度的发展,数学思想和核心素养得到了彰显。

【课后思考】

数学生态课堂是教师、学生、环境三者之间形成的一种相互依存、相互制约,呈多元互动的动态平衡关系;是富有个性的、自主的,能够实现课程、师生、知识、社会等多元多方向多层次的互动;是不断开发潜能,开启智慧,创造自我,改善和发展生命,使得数学素养和生命质量得到整体提升的一个学习场所。本节课设计将解决问题的三个步骤("知道了什么?""怎样解答?""解答是否正确?")作为贯穿课堂整体的脉络,围绕用13 元正好可以买下面哪两本杂志?"这一问题展开,将析题、解题、答疑等权利充分地交还给学生,突出用不同的策略解决问题的数学思想,从而培养学生"会想、会做、会说"的数学学习能力,促进学生个性化发展,让"生本课堂"的教学理念真正落到实处。

第一,建立"平等"关系,营造和谐生态氛围。在课堂生态理念下,教学活动不再是单向的"师教生学"的关系,而是各类课堂生态因子的动态组合与互动。基于此,本节课在教学过程中,从生活中常见的购物情境导入,引发学生对问题解决的探究欲望。而后大胆放手,让学生对"用13 元正好可以买下面哪两本杂志?"这一问题进行多层次、多角度的分析,鼓励学生自主探究核心问题,通过提问、回答、讨论等方式来学习数学,从而培养其发散逻辑思维。本节课通过一名学生提出"正好是什么意思？"正式拉开以问题引领为导向的多维度数学课堂的帷幕。在学生独立思考、与同桌交流后，组织学生进行作品展示和分享，着重展示学生解决问题的思考过程，同时注重师生互动、生生互动。以引导式问题"他的想法你们听懂了吗？谁能像他这样也来说一说""他先做了什么？"等，在提问和回答环节中不断促进学生的思考，进而达到真正的师生平等互动。

第二，解码数学语言，构建和谐生态环境。低段学生的逻辑思维连贯性较差，往往很难将问题化解为具有连贯性的子问题。儿童的语言又有别于成人，因此低段任课教师应将数学的抽象语言解码成学生擅长的儿童语言，从而营造一个生动有趣的数学课堂。"先独立思考，再和你的同桌说一说"这是中高段数学课堂中常见的数学语言，根据以往的教学经验，将"独立思考"直接呈现在一年级的数学课堂中，大部分学生往往无从下手，眼神空洞地等待教师揭晓正确答案，课堂体验感较差。本节课，教师将"先独立思考，再和你的同桌说一说"这句话改为"先把时间留给自己，再把你的想法说给同桌听。和同桌说明白了，再来和全班同学说一说"。让我感到欣喜的是，此话一出，像是触到学生思维发条一般，他们纷纷开始思考、动手，而后与同桌交流，一改往常前后桌闲聊及"事不关己，高高挂起"的状态。

第三，解决生活问题，构建高效生态课堂。新课程标准强调了学生的主体地位，要求教师以学生为中心，设计具体的教学活动，发挥自身的组织和引领作用，构建生态课堂。在小学数学教学中，教师应重点培养学生的自主学习及合作探究意识，让学生在理解知识深层次内涵的基础上掌握具体的应用策略，利用所学知识解决现实中的数学问题，发挥数学课程的育人价值。基于此，在构建生态课堂的过程中，应为学生搭建高效的学习平台，使他们在了解知识形成过程的同时外化于实践，从而培育学生的数学综合素养。本节课设计让学生自主探索解决钱数限定条件下购买所需物品的问题，积累解决问题的经验。为学生创设真实的购物情境，引导学生自主运用已有的认知经验尝试解决现存问题，初步领悟有序策略的内涵，逐步培养学生的探究能力和解题说理能力。

第二节　"图形与几何"领域

一、"认识周长"课例解析

【课前思考】

（1）深入研读，把握周长的内涵。

"认识周长"被编排在人教版数学三年级上册"长方形和正方形"这一单元中，属于"图形与几何"领域的"图形的认识与测量"这个主题范围的内容。周长是几何学基本度量（测量或计量）之一，其学习及理解过程可遵循以下五个阶段：量的初步认识（直观感知量，直观或直接比较量的大小）；量的间接比较（用非标准单位或用另一个量作为中介比较）；认识国际通用单位并用其描述大小；国际通用单位体系的认识与换算（化聚）；利用公式求量的大小（只有面积和体积有此阶段）。"周长"是长度的下位概念，是可以度量的。该教材对周长的描述是："封闭图形一周的长度，是它的周长。"对其概念的完整诠释为："环绕有限面积的区域边缘的长度积分，叫作周长；图形一周的长度，就是图形的周长。周长的长度因此亦等于图形所有边长度的和。"这就是周长的本质属性。不难发现，周长虽然是一维空间的度量，但需要从二维的面上提取出来。"认识周长"的核心目标是引导学生体会"周"与"长"的关系，建立周长的概念，而非计算方法。

（2）前测分析，明确学生的起点。

学生在二年级时已经对长度有一定的了解。周长，顾名思义，就是"图形一周的长度"，"周"是前提，"长"是本质。因此，周长既有"形"

的概念，又有度量的特征。研究周长既要对形进行研究，又要对长度进行研究。《义务教育数学课程标准》（2022 年版）指出，要结合具体实例让学生通过观察和亲身体验等活动，理解周长的含义。

通过前测，发现大部分学生知道物体表面或图形的边线在哪里，但不理解周长的内涵。教师需要从以下三个方面引导学生：第一，认识周长的属性；第二，直接比较出两个图形周长的长短；第三，求图形周长能想到顺边加、化曲为直等方法。

【教学目标】

（1）结合具体事物或图形，通过观察、操作等活动认识周长，会说出不同物体的周长。

（2）通过"指一指""描一描""说一说""摸一摸""量一量"等活动，让学生逐步建立周长的概念，体会周长的实际意义，体验周长的测量策略。

（3）让学生进一步感知周长与实际生活的密切联系，激发学生学习数学的兴趣。

【教学重点】

认识周长。

【教学难点】

理解周长的含义。

【教学过程】

(一) 创设情境，揭示课题

师："同学们，你们喜欢看动画片吗？"

（出示课件：小朋友绕池塘边跑一圈。）

师："你看到了什么？"

生 1："小朋友跑了一圈。"

生 2："小朋友绕池塘边跑了一圈。"

（出示课件：火车在轨道上跑了一圈。）

师："你又看到了什么？"

生 1："火车跑了一圈。"

生 2："火车在轨道上跑了一圈。"

师："像刚才小朋友走的路线、火车跑的路线（点击课件：两幅动画的周长闪动），都有什么共同的地方？"

生 1："都是图形。"

生 2："都是跑了一圈。"

师："观察真仔细，都是跑了一圈，也说跑了一周，这样一周的长度（点击课件：两幅动画的周长闪动），就叫'周长'。"

师："这节课咱们就一起来认识周长。"（板书课题：周长）

（二）实践探索，感知周长

1. 指一指

师："请同学们选一个自己喜欢的图形，用手指出它的周长，并跟同桌说说你是怎样指出图形的一周。"

2. 描一描

（课件展示红领巾、手帕、地图三种图形。）

师："请同学们用水彩笔描图形的周长，再次感知图形一周的长度，并在 4 人小组中互相说说你是从哪里开始描的，描到哪里。"

（指名展示描图形的结果，并说说描的过程。）

师："不管从哪一点开始描，描一周，都要描回到这一点，这样描下来的就是这个图形一周的长度，强调从起点绕一周回到起点。"

师："刚才咱们所描的这三个图形，你们都描对了吗？这一周的长度（课件展示：三个图形的周长闪动）分别是这三个图形的什么呀？"

生："周长。"

师："同学们真了不起，不但会描，而且会说。"

3. 说一说

师："请同学们用自己的话说说什么是周长，再与同桌说说。"

生 1："边的长度是周长。"

生 2："所有边的长度是周长。"

生 3："所有边的长度刚好是图形一圈的长度。"

生 4："图形一圈的长度是周长。"

师生补充概念："一个图形的一圈（也是一周）的长度是它的周长。"（板书）

师："判断这五个图形有没有周长，并说说理由。"（出示四个封闭图形、一个不封闭图形。）

生 1："图 2 没有周长，因为它没有连起来。"

生 2："因为它不能从起点回到起点。"

师生完善概念："是的，像图 1，3，4，5 这样能连起来的图形才会有周长，这样的图形也叫封闭图形。"（板书：封闭）

全班齐读概念。

4. 找一找

师："现在咱们对周长已经有一定的认识，那你们能不能找找身边的周长？"

生 1："（摸数学书的边线）这是数学书封面的周长。"

生 2："（摸文具盒的边线）这是文具盒表面的周长。"

（三）动手实践，研究求周长的策略

1. 小组合作，动手测量

师："这是要测量的图形（贴长方形、三角形、圆形和扇形）及测量的工具。"

师："请同学们看操作要求，先选一选要用什么工具，再想一想怎么测量，最后动手测量。"

师："每个小组都有其中的两个图形和这些工具，比一比哪组测量得又快又好。"

2. 小组汇报

生 1："我们量的是长方形，用尺子量四条边的长。"

生2："还要把四条边的长加起来，才是长方形的周长。"

师："先量四条边的长，再加起来就是长方形的（周长）。好办法！有不同办法吗？其他图形呢？"

生3："我们量的是三角形，用尺子量出每条边的长度，再加起来就是三角形的周长。"

师："说得真完整，一下子就得到了三角形的周长。还有吗？"

生4："我们量的是圆形，先用绳子绕圆形一周，再量绳子的长度就是圆形的周长。"

师："大家听明白了吗？非常聪明，借助绳子就能量出圆形的周长。瞧，只要动脑筋总会有办法的！还有不同办法吗？"

生："没有。"

师："其实量圆形的周长还可以只借助尺子，课后好好想想，谁能想出来，谁最棒。剩下的扇形，哪组来？"

生5："我们量的是扇形，先用绳子围起来，再量绳子的长度。"

师："哦，你们也是借助绳子把曲的化成直的。真棒！还有吗？"

生："没有。"

师："通过刚才的活动，谁发现应该怎样来测量图形的周长？"

生："我认为圆形、扇形这种边是弯的要用绳子、尺子才能量出周长，而正方形、三角形、五角形的边是直的，都可以用直尺量出周长。"

师："真聪明，总结出这么好的方法。是的，借助绳子或尺子都是量图形周长的好办法。"

（四）巩固延伸，运用周长

1. 量腰围

师："学会了量图形的周长，那么身上的周长会量吗？比如腰的周长，就是平时说的腰围，谁来帮老师量量？"

（两名学生帮老师量腰围。）

师："下面我们来做个活动，给自己的同桌量腰围，好不好？全体起立，开始！"（学生给同桌量腰围。）

师："据老师调查，腰围是身高的一半属于正常范围，请同学们回去算一算自己的腰围是否正常。"

2.判断

师："美羊羊和喜羊羊分别走了两个不规则图形的一周，请同学们判断谁走的路线长，并说出理由。"（出示图形）

（五）课堂总结

师："这节课你有什么收获？还有什么疑问吗？"

师："这节课咱们一起认识了周长、研究了周长，其实，周长的知识在生活中无处不在，只要我们用数学的眼光去看，就会发现生活中处处有数学。"

【课后思考】

"周长"一课的教学，注重营造课堂生态环境，采用动手操作、合作交流、自主探究的生态教学方式，为学生提供了充分的学习时间和空间，教师的教学理念、教学意识、教学思路、教学实施都立足于学生的未来发展。这节课的教学，做到了以下三点，实现了预定目标。

第一，以生活为依托，让学生在具体情境中感知周长。"数学生活化，让学生学习现实的数学"是数学新课程理念之一。因此，本节课的教学结合儿童的认知特点、兴趣爱好、心理特征等，设计了密切联系儿童生活的教学内容，从学生熟知的生活素材入手，开课伊始，创设了小朋友绕池塘跑一圈、火车在轨道上跑一圈这两个学生既熟悉又感兴趣的动画情境，让学生初步感知周长。学生用手"书写"树叶的周长，描出红领巾、手帕、地图的周长，进一步感知周长；进而通过寻找身边的周长、同桌互量腰围及课后延伸又回到生活中，量出生活中自己最喜欢的一个物体的周长等活动，体会到周长就在身边。这样，努力把学生的现实生活资源转化为教学资源，使学生切实感受到数学来源于实际生活。

第二，以活动为载体，让学生在实践操作中理解周长。活动既是儿童感知世界、认识世界的主要方式，也是儿童社会交流的最初方式。小学阶段的操作活动既是数学活动的重要组成部分，也是学生学习活动的重要方式。本节课通过以下四项活动，让学生逐步理解周长。活动一：让学生指一指图形的周长，感知一周的长度就是它们的周长。活动二：让学生描一描，描出红领巾、手帕、地图的周长，理解图形一周的长度就是这个图形的周长。活动三：让学生找一找、摸一摸生活中其他物体表面（如课本封面、课桌面等）的周长，在这些具体的感知材料的基础上，建立周长的概念。活动四：让学生合作测量出图形的周长，进一步理解周长的含义。这四项活动使学生的体会不断加深，经历从"实物操作"到"形象感知"，再从"形象感知"到"抽象概念"的过程，学生把"周长"这一抽象概念与实践操作紧密联系起来，加深了对"周长"的理解。

第三，以有效为目标，让学生在有序活动中认识周长。数学教学是数学活动的教学，三年级学生要建立周长概念，必须通过活动有所体验，因此数学活动组织必须做到有序有效，才能实现预定目标。本节课组织数学活动有明确的目的性。例如，"指一指"是让学生初步感知一周，"描一描"是让学生感知从起点又回到起点，"说一说"是让学生逐步建立、完善周长的概念，"量一量"是让学生进一步理解周长，可以说开展这几项活动的过程是逐步提升、发展的过程。在汇报图形测量结果时，教师要注意有序指导（如测量什么图形、用什么工具测量、怎样测量），并引导学生分析总结测量方法，帮助学生积累参加数学活动的经验，提升学生的数学素养。

二、"认识面积"课例解析

【课前思考】

"认识面积"被编排在人教版数学三年级下册"面积"这一单元中，

属于"图形与几何"领域的"图形的认识与测量"这个主题范围的内容。学生在之前已经认识了周长（一维），今后还将学习体积（三维），介于中间的面积（二维）概念起着承上启下的重要作用。

《义务教育数学课程标准》（2022 年版）将图形的认识与测量放在一个板块，说明图形的认识与测量是密不可分的。从定义来讲，面积即物体表面或封闭图形的大小。可见，"面积"的概念包含两个重要元素：面的概念（认识）和面的大小（测量）。三年级的学生已经初步掌握了长度和长度单位、长方形和正方形的特征及其周长计算知识，听过"大小""面积"等词汇，从生活经验中积累了"大小"的观念。本节课的学习是他们第一次经历从一维到二维学习的过渡。教师要在这样的基础上引导学生认识"面积"这个抽象的概念。学生的思维特点主要以具体的、生动的形象思维为主，通过操作和对比更有利于增进其对本节课内容的理解。借助已有的知识、生活经验和熟悉的生活场景，能让学生在获得感性认识的基础上，建构面积的概念，探索比较图形大小的方法，感悟度量的本质，促进知识之间的迁移与内化，在结构化的学习中进一步发展量感、空间观念和几何直观，也为以后学习其他平面图形面积的计算打下基础。基于这样的思考，我开展了如下的教学实践。

【教学目标】

（1）基于学生的已有认知，认识面积的含义。经历比较图形大小的过程，体会用面积单位度量的必要性，增进对面积内涵的理解。

（2）在比较图形大小的过程中，培养学生的观察能力、动手操作能力，逐步积累操作的经验，形成量感和初步的几何直观。

（3）在学习探索中，培养学生自主探索与合作交流的意识和能力，使其养成独立思考、勇于探索的习惯。

【教学重点】

理解面积概念的本质。

【教学难点】

在多种拼摆方法中感悟用正方形作测量面积的工具的合理性。

【教学过程】

（一）揭示课题，提出核心问题

1. 开门见山，揭示课题

师："今天我们一起来学习'认识面积'。"（板书：认识面积）

2. 独立思考，提出问题

师："看到这个课题，你们想提什么问题？"

生1："什么是面积？"

生2："怎么比较图形面积的大小？"

师："今天就让我们带着这两个问题开始数学之旅吧！"

设计意图：开门见山，直切主题，激发学生的问题意识。让学生在最短的时间内明确研究内容，有助于调动学生学习的主动性，形成质疑的习惯。

（二）多元活动，理解面积概念

1. 找面、摸面

师："同学们，生活中你见过哪里有面呢？找一找身边物体的面。"

生1："桌面。"

生2："黑板面。"

生3："数学教材的封面。"

师："数学教材的封面在哪儿？你能摸一摸吗？同学们，也试着摸一摸你们的数学教材封面，感受一下。"

师："感觉怎么样？"

生："平平的，滑滑的。"

师："仔细看，老师现在把教材横着拿，这本教材的封面大小怎么样？"

师："斜着放呢？"

师："是啊，不管我怎么摆放，这本教材封面的大小都不变。那除了封面还有其他面吗？"

生："一共能找到六个面。"

师："老师带来个水杯，你能找到面吗？"

师揭示："像这样弯曲的面叫曲面。"

师小结："是啊！看来面不仅有平面，也有像这样的曲面，而且面有大有小！"

2. 表示面

师："现在你能用你喜欢的方式把刚才找到的面画出来吗？请拿出学习单独立完成探究任务一：'用你喜欢的方式画出物体的一个面'。"

师："仔细观察下面四幅作品，你们有疑问吗？"

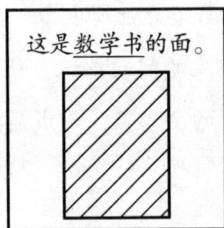

这是数学书的面。

①

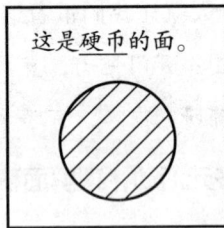

这是硬币的面。

②

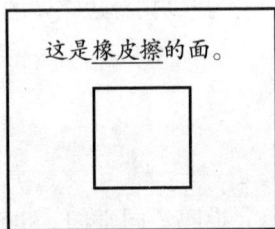

这是橡皮擦的面。

③

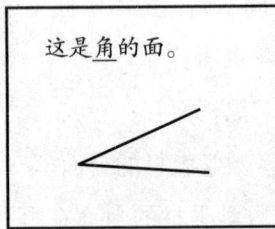

这是角的面。

④

生1："第三幅作品只画了橡皮的边框，没有表示出橡皮擦的一个面，需要给它涂上阴影。"

师："是啊，我们在涂阴影时要注意什么呢？"

生2："要涂全涂满，不能涂出去。"

生3："涂阴影时，画斜线更快。"

师：“其他同学还有疑问吗？”

生4：“第四幅作品不能表示出它的一个面，因为角不是封闭图形。”

师：“那谁有办法把它变成封闭图形并找到它的面呢？”

生5：“把角的两边用直线连接起来，就可以找到面。”

生6：“也可以用曲线连接。”

师：“你们真会思考真会学习！”

3. 揭示面积的概念

师小结：“我们刚从物体表面和封闭图形找到了面，每个面都有自己的大小，这些面的大小就是它们的面积。你们能举例说说什么是面积吗？同桌之间先互相说一说。”

生1：“桌面的大小就是它的面积。”

生2：“黑板面的大小就是它的面积。”

生3：“数学教材封面的大小就是它的面积。”

…………

师：“那现在什么是面积这个问题解决了吗？”

生：“解决了。”

设计意图：本环节基于学生的生活经验和现实起点，以“什么是面积？”引发学生思考，激发学生的学习兴趣，通过师生交流、同桌合作，初步让学生建立面积的概念。在“找”“摸”“比”“涂”等多种形式的体验活动中，逐步感知面的大小就是面积，顺理成章地建立起面积的概念。

（三）探究比较，发展度量意识

1. 采用观察法比较面积

回顾刚才找到的面，比一比面积。

2. 创设冲突

师：“这两个图形你们还能用观察法比较出大小吗？”（出示两个长方形）

生："不能。"

师："那要怎么比较呢?"

3. 合作探究

师："请看活动要求,小组合作完成探究任务单。"

第(　　)小组合作探究任务单

★探究任务:比一比下面两个图形哪个面积大?

合作要求:四人一组

1号　　2号

①想一想:先独立思考,可以用什么方法比较。

②说一说:在小组内交流自己的想法。

③写一写:用你们喜欢的方法探究,并完成学习单。

---

1. 我们发现:1号图形的面积 ◯ 2号图形的面积。

2. 我们是这样想的:

3. 我们的困惑:＿＿＿＿＿＿＿＿＿＿＿＿＿＿＿＿＿＿＿

---

4. 交流反馈

(1) 交流汇报。

第(　六　)小组合作探究任务单

★探究任务:比一比下面两个图形哪个面积大?

合作要求:四人一组

1号　　2号

①想一想:先独立思考,可以用什么方法比较。

②说一说:在小组内交流自己的想法。

③写一写:用你们喜欢的方法探究,并完成学习单。

> 1. 我们发现：1号图形的面积 ⟨ 2号图形的面积。
> 2. 我们是这样想的：
>
> 　　我们先重叠了一下（如图1），无法直接比较，于是我们用正方形叠图形，比谁可以放下更多的正方形，最终发现，1号图形可叠10个正方形，2号图形可叠12正方形（如图2）。
> 3. 我们的困惑：＿＿＿＿＿＿＿＿＿＿＿＿＿＿

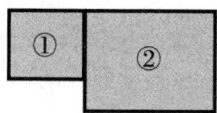

图 1

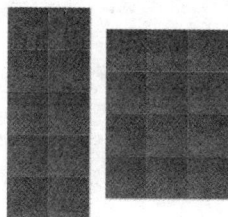

图 2

师："我们请第六小组的代表来说说他们的想法。"

生："（边演示边说）我们先把两个图形重叠一下，发现无法直接比较，于是用正方形来测量，发现1号图形可以摆10个正方形，2号图形可以摆12个正方形，所以2号图形大。"

师："是啊！像这种重叠比较图形大小的方法叫重叠法。而用小正方形来测量图形大小的方法叫测量法。这种方法谁听明白了？谁能像他这样完整地说一说？"

（2）对比分析。

师："老师还收集了几个同学的作品，仔细观察这四幅作品，你觉得哪种摆法更合适？四人一组在组内交流讨论。"

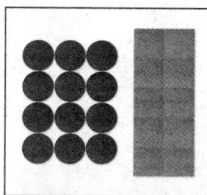
①

②

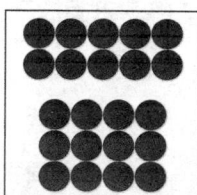
③

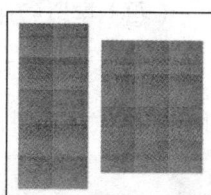
④

生1:"我觉得用正方形摆更准确,因为用正方形摆没有空隙。"

生2:"是的,我也同意,用圆形和三角形摆都没铺满,有空隙,不够准确。"

师:"看来,大家的意见都一致,都认为用正方形摆比较合适。对于以上作品,大家还有疑问吗?"

生:"第一幅作品,一个用正方形来测量,另一个用圆形来测量,无法比较。"

师:"是啊,我们在测量时需要用同一种图形来测量,而且用正方形来测量最合适,国际上就是规定用正方形作为测量面积的单位。"

(3)勾连总结。

师:"学习度量面积时,我们先摆了1行,有4个度量单位,一共摆了3行,就有12个度量单位。量是量出来的,面积就是由一个个度量单位累加起来的。数学知识是有联系的,以前学习度量长度时,也是由一个个度量单位累加起来的。"

设计意图:面积的本质是用数表征。完成探究任务"比一比下面两个图形哪个面积大?"时,通过小组合作交流、课堂再现,让学生逐渐明白:圆、三角形不能密铺,不适合作为面积的规范度量标准;正方形是合适的度量标准;可以进行度量方法的优化,摆一行一列,也能推理出图形的面积。教学中,让学生经历用多种方法比较面积大小的过程,发展学生的度量意识和量感,使其感悟度量的本质都是计量图形中含有的度量单位的个数;引导学生进一步反思长度、面积测量的学习体会,帮助学生完成图形测量的一般学习过程,形成方法相对一致的认知结构。

(四)学以致用,练习巩固提升

师:"这节课我们认识了面积,学会了比较图形面积的大小。接下来让我们继续接受挑战,完成课堂学习单。"

"认识面积"课堂评价

一、我会数。(★)

下面图形的面积各是多少?

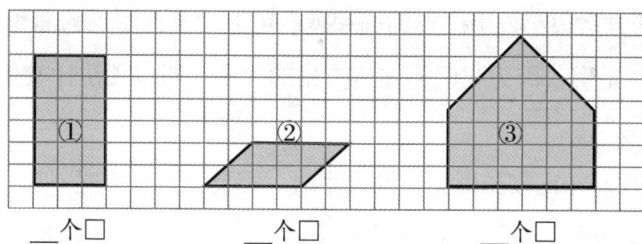

__个□　　　　　　__个□　　　　　　__个□

以上三个图形，（　　）号的面积最大。

师："第一题大家都做完了吗？谁来汇报一下？"

生："以上三个图形，3号面积最大。"

师："说说你是怎么想的。"

生："因为3号图形的小正方形数量最多。"

二、我会选。（★★）

这是两个带小方格的图形，它们都被纸遮住了，但知道甲图形有4个小方格，乙图形有9个小方格。甲和乙的面积比较，（　　）的面积大。

A. 甲的面积　　　B. 乙的面积　　　C. 一样　　　D. 无法确定

师："关于第二题，谁来说说自己的想法？"

生1："我认为乙图形面积大，因为乙图形有9格，而甲图形只有4格。"

生2："我认为也有可能甲图形面积大，因为如果甲图形的方格很大，而乙图形的方格很小，甲图形的面积就有可能大于乙图形的面积。"

生3："是啊，因为我们不知道方格的大小，所以无法比较甲、乙图形面积的大小。"

师："我们在比较图形面积的大小时，需要注意什么呢？"

生："要统一正方形的大小。"

（五）课堂总结，交流学习收获

师："通过这节课的学习，你有什么收获？"

【课后思考】

基于"生态课堂"视角，"认识面积"一课的教学通过"观察—发现—思考—概括"的过程，使学生在创设的情境中以同桌讨论、小组交流、全班汇报等方式进行探究，充分发挥了主观能动性，获得了更多真实、深度的学习体验。

第一，问题引领，构建生态课堂。本节课营造了一种师生间和谐的氛围，构建了高效的生态课堂。本节课以面积意义为基础，以度量的本质为核心，围绕核心问题"什么是面积""怎么比较面积"层层深入展开探究活动，通过让学生参与"找一找""摸一摸""比一比""画一画""摆一摆"等活动，创设学生主动参与的教学情境，激活学生自主探究的思维，给学生提供自学自悟的空间和时间，不断完善学生的度量认知结构。在这种任务驱动的课堂情境中，教学过程也成为师生共同发展的互动过程，能够促进学生度量意识的发展及量感的提升，发展其空间观念。

第二，做中思考，构建生态课堂。本节课充分体现了生态课堂"做中学，学中思，思中悟"的教育理念。首先，关注学生经历从一般到特定、从生活中的物体抽象出几何概念、从对一般物体表面大小的感知到特定平面图形的测量学习过程，让学生在交流中质疑、表达、反思，促使课堂真思维的产生，有力地证明了运用生态课堂的模式能够有效提升学生的理解和应用能力。其次，注重在活动中让学生积累度量经验，从而使其深度理解面积的本质。最后，在课堂实践活动中，让学生在思辨中获得新知，充分关注学生的成长过程，引领学生在探究面积的道路上不断前行，为学生创造了很好的学习环境和发展机会。

第三，勾联对比，构建生态课堂。本节课真正构建了学生发展可观测、易对比的生态课堂。教师根据学生的实际情况，创造性地使用教材，勾连测量长度单位的知识，帮助学生初步体会度量方法的一致性，感悟度量的本质，凸显单元的整体设计，实现结构化教学，让学生体会"累积"与"乘积"两种面积的度量方法；引领学生在探索过程中不断体验，感悟数学思想和数学方法，力求将枯燥的几何概念知识讲得生动有趣，为后面的学习设置悬念，起到承上启下的作用；逐步推动生态课堂的转型，满足学生多方位的学习要求，丰富学生的学习经验，让课堂教学走向"深度学习"，为发展学生的核心素养保驾护航。

三、"长方形、正方形面积的计算"课例解析

【课前思考】

"长方形、正方形面积的计算"被编排在人教版数学三年级下册"面积"这一单元中，属于"图形与几何"领域的"图形的认识与测量"主题范围的内容。本节课是在学生认识了长方形、正方形的特征，会计算周长，理解了度量的本质就是计量单位个数的累加，认识了面积和面积单位，会通过数小正方形个数的方法计算图形的面积，会用乘法算式表示几个几相加等的基础上展开教学的。三年级的学生正处在由具体形象思维向抽象逻辑思维过渡的阶段，整体上还是以形象思维为主，从"长度"到"面积"，是从一维到二维的空间形式的提升，对学生来说是一次飞跃。其中，学生的想象能力由模仿性向创造性过渡，评价能力逐渐发展，能够对一件事提出自己的意见，但很难全面评价。本节课旨在引导学生发现问题、提出问题，利用观察、猜测、实验、计算、推理、验证、数据分析、直观想象等方法分析和解决问题；通过独立思考、动手实践、合作交流等方式，让学生积累活动经验，理解和掌握相关基础知识和基本技能，体会

和运用数学思想和数学方法；培养学生的量感、推理意识、模型意识等核心素养，以及用所学知识解决生活中一些简单问题的能力，为以后探究平行四边形及其他平面图形面积的计算方法奠定扎实的基础。

【教学目标】

（1）在观察、思考、表达中理解长方形、正方形面积的计算方法，能运用公式正确计算长方形、正方形的面积，能解决生活中一些简单的问题。

（2）通过独立思考、动手实践、合作交流等活动方式，让学生积累观察、思考、表达等活动经验，经历发现问题、提出问题、分析问题和解决问题的过程；培养学生的量感、推理意识、模型意识等；培养学生动手操作、合作交流、归纳概括及解决问题的能力；掌握"操作—猜想—验证—概括"的数学学习方法，提高自主探究的能力。

（3）感受数学与生活的联系，体会数学的价值，体验探究的乐趣，激发学习数学的兴趣，养成良好的学习习惯。

【教学重点】

理解和掌握长方形、正方形的面积计算方法。

【教学难点】

理解面积计算的本质。

【教学准备】

若干个面积为 1 平方厘米的小正方形和长方形。

【教学过程】

（一）沟通联系，激发兴趣

1. 了解点、线、面之间的联系

师："老师准备了一个小魔术，大家想看吗？"

生："想！"

师："瞧！这是什么？"

生："一个点。"

师："现在呢？"

生："变成了一条线。"

师："是啊！点运动起来留下的轨迹，连起来就是一条线。要想知道这条线段有多长，怎么办？"

生："可以用尺子量。"

师："你是怎么看出来的？"

生："看包含几个一厘米，长度就是几厘米。"

师："继续，线动成面。"

2. 引出课题，板书课题

师："要想知道这个面有多大，怎么办？"

生1："摆小正方形。"

生2："测量，计算。"

生3："用长乘宽来计算。"

师："大家都知道怎么算，那你们知道其中的数学道理吗？为什么用'长×宽'就可以得到长方形的面积？不着急，这节课我们要研究的两个问题就出来了。第一个问题，长方形的面积真的可以用'长×宽'来计算吗？第二个问题，如果是用这个公式计算，其中体现的数学道理是什么？你们说要不要解决这两个问题？"

生："要！"

师："好的，下面我们就一起来探究。"（板书课题）

设计意图：点动成线，线动成面，探究点、线、面之间的内在联系，发展空间观念；同时，再次让学生感悟线段的度量是单位长度的累加，唤醒其对度量本质的应用。好奇是探索的开始，让学生带着问题（长方形的面积怎么求？为什么？）上课，从而激发其内在需求。

（二）合作探究，理解规律

1. 活动一：操作探究，显过程

师："老师带来了一个小帮手——小正方形。估一估，这个小正方形有多大？"

生："大概 1 平方厘米大。"

师："什么是 1 平方厘米?"

生："边长是 1 厘米的小正方形,面积是 1 平方厘米。"

师："小小的一个正方形,对我们的研究可是很有帮助的。请看活动要求,大家来大声完整地读一读。"

(学生读活动要求。)

师："温馨提醒同桌进行合作,两个人一个摆、一个填,摆好一个就填一个。完成后,想一想,在摆和算的过程中,你们发现了什么?拿出学习单一和小正方形开始活动吧。"

(1)合作探究,发现规律。

提供 1 平方厘米的小正方形,让学生同桌合作,摆一摆、填一填。

(2)交流汇报,分析规律。

师："大部分同学都完成了,还没完成的同学也先停下来,听一听、看一看,完成的同学为什么这么快,是不是有什么秘诀,我们也来学一学。"

(教师引导学生有序地汇报自己的不同摆法,利用手中的学具摆一摆,说明这样计算的道理。)

生 1："第一幅图刚好摆满 6 个小正方形,面积就是 6 平方厘米。"

用 1 平方厘米的正方形摆一摆。

这些长方形的面积是多少?

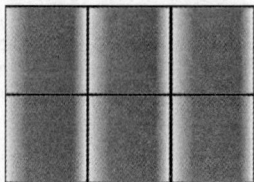

①

师质疑："为什么要用面积单位将长方形全部铺满?"

生 1："有几个 1 平方厘米的小正方形,面积就是几平方厘米。我摆满后有 6 个小正方形，面积就是 6 平方厘米。"

师："摆第二幅图的同学没摆满，可以吗？为什么？"

生 2："长摆了 5 个，宽摆了 3 个，三五一十五，面积就是 15 平方厘米。"

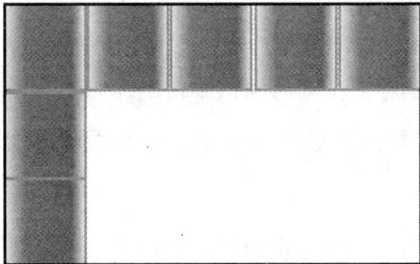

②

师："摆第三幅图的这个同学的摆法谁看懂了？"

生 3："一行摆 6 个，摆了 4 行，因为四六二十四，所以面积就是 24 平方厘米。"

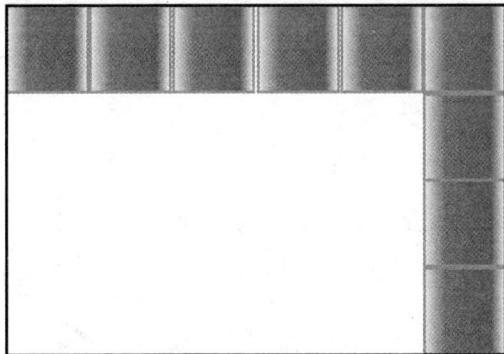

③

师："隔壁的同学摆了第四幅图，你看明白他的意思了吗？"

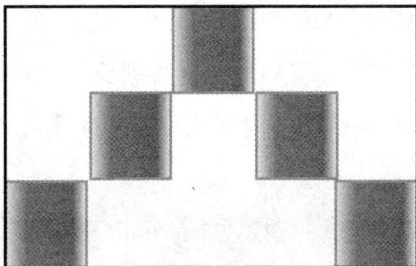

④

生 4："这个长方形的面积是 15 平方厘米。"

师追问："你是怎么数出全部面积单位个数的?"

生 5："我通过移一移,发现他一行摆 5 个,摆了 3 行,三五一十五,面积就是 15 平方厘米。"

(3) 质疑释疑,理解规律。

思考一:长方形的长、宽与面积单位的个数有什么关系?

生："每行有几个面积单位的个数,长就是几厘米;每列有几个面积单位的个数,宽就是几厘米。"

思考二:长方形的面积与它的长、宽有什么关系?

生:长方形的面积等于长乘宽。

设计意图:经历度量长方形面积的探究过程与方法,体会度量图形面积的两种基本策略:一种是用单位面积密铺长方形,另一种是沿着长和宽各摆一行一列的面积单位。这两种策略都能数出长方形的面积。体会只要用单位面积分别摆满长和宽,就能算出摆满长方形所需的面积单位的个数,这是浅层的工具度量。

2. 活动二:交流讨论,明算理

师:"嗯,都有发现!看来长方形的面积确实可以用'长 × 宽'来计算。那现在大家能说一说,为什么用'长 × 宽'就能得到长方形的面积?"

(生支支吾吾,没办法回答。)

师:"还是有点儿疑惑是不是?没关系,发挥小组的力量,前后桌 4 人为一组,结合学习单和小正方形,说一说是为什么。"

思考:为什么用"长 × 宽"就可以得到长方形的面积?

4 个人组成一个小组,在组内交流。汇报反馈,感悟长、宽与面积单位个数之间的关系。

生 1："第 1 个长方形一行摆 3 个,可以摆 2 行,二三得六,一共摆了 6 个,面积就是 6 平方厘米。"

生 2："看到长 5 厘米，想到一行可以摆 5 个；宽 3 厘米，想到可以摆 3 行，因为'5×3=15'，一共摆了 15 个，所以面积就是 15 平方厘米。"

师："想象一下，一个长 10 厘米、宽 8 厘米的长方形，可以怎么摆？面积又是多少？"

（学生陆续说。）

师："按照你们说的'6×4'算出来的，应该是小正方形的个数呀，怎么变成了面积？"

生："一个小正方形的面积是 1 平方厘米，有几个小正方形，面积就是几平方厘米。"

师："说得太好了！老师赶紧来记录一下。看到长是几，你们就想到一行摆几个，也就是每行的个数；看到宽是几，就想到摆几行，也就是行数，每行个数乘以行数就可以得到小正方形的总个数。因为一个小正方形的面积是 1 平方厘米，有几个小正方形，长方形的面积就是几平方厘米，所以求长方形的面积，实际上就是在求小正方形的总个数。"（边讲解边板书）

设计意图：学生通过互相之间的启发、交流，发现长方形的长和宽与它包含的小正方形数量之间的关系，感受到长方形的面积实质上就是这个长方形包含 1 平方厘米小正方形的数量。在辨析中，借助单位面积的小正方形理解二维与一维之间的两次转换，并能够解释为什么长方形的面积可以通过测量长和宽，运用公式计算得出，不仅知其然，还要知其所以然。

3. 活动三：迁移类比，活思维

师："接下来大家敢接受挑战吗？"

生："敢！"

师："你会求大长方形的面积吗？像这个屏幕这么大，你会计算它的面积吗？还想用小正方形一个一个摆吗？"

生："应该用更大的正方形。"

师："真厉害，学以致用。"

师："这是什么图形？你能自己得出正方形的面积计算公式吗？说明理由。"

（呈现两种列式：①3×3；②3×4。请学生说理辨析。）

师："这是一个正方形，哎！我们刚刚明明只研究了长方形的面积怎么计算，你们怎么这么厉害，连正方形的面积都会计算了呀？"

生："因为正方形是特殊的长方形。"

师："现在你们能自己得出正方形的面积计算公式吗？你说我写。"

生："'正方形面积 = 边长 × 边长'。"

师："你看，当我们知道了长方形的面积为什么这样计算之后，联想一下，是不是就能知道正方形的面积怎么算？知识有时候就是这么奇妙，联系一下就能知道怎么回事。"

设计意图：在巩固长方形的面积计算公式的基础上，借助类比与知识迁移进行学习，在实践中水到渠成地推导出正方形的面积计算公式。此外，学生能够获得数学思考的经验，获得合情推理的经验和体验，以形成良好的认知结构。

（三）掌握应用，思维提升

（1）下面哪个图形的面积可以用"4×3"来表示？

（2）一个宽 8 米的长方形花坛，占地面积是 120 平方米。这个花坛的长是多少米？

（3）为了使美术室更加美观，实验小学准备在美术室的后墙贴上壁纸，一面后墙中有个边长 2 米的正方形窗户（如下图所示）。贴完这面墙，需要准备多少平方米的壁纸？

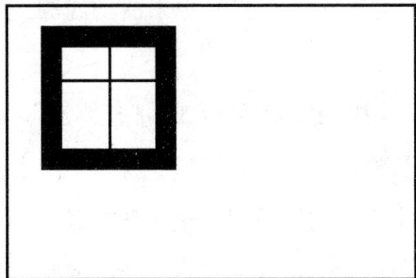

设计意图：面积是乘法的模型，让学生通过方格纸上的图来感知算式与图形的关系，知道用出入相补的方法来解决问题；与实际生活相联系，会用数学的眼光观察现实世界，感受数学与生活的联系及数学的价值。

（四）课堂总结，反思评价

（1）回想一下整节课，你感受最深的是哪个环节？你对谁的发言感触最深？

（2）课堂小结。

设计意图：回顾整个学习过程，梳理评价，交流感受，互相启迪，促进学生掌握知识、领悟方法。带着生长的力量走出课堂，为今后的学习埋下"以评促学"的种子。

【课后思考】

生态化的课堂教学追求这样的目标境界：课堂教学不仅要关注学生的认知过程、关注知识传授，而且要关注学生的情感、态度和价值观，更要关注学生的成长过程和全面发展，为学生的发展提供一个和谐自由的环境，实现教育的生命价值。本节课从"长度"讲到"面积"，是一维到二维空间形式的提升，是学生空间认知上的一次飞跃；长方形、正方形的面积计算作为平面图形面积计算教学的起始，在学生数学学习过程中有着重要的地位。本节课的学习，旨在培养学生用整体的、联系的、发展的眼光看数学,理解度量本质的一致性,明白面积计算的本质就是相同计量单位的累加。本节课设计从"度量的本质"入手,深挖"为什么'长方形的面积=长×宽'?"让学生在动手实践中积累活动经验。下面是我对这节课的一些思考。

第一,研读教材,用好生态课程资源。"整体性"是生态课堂最基本、最突出的特征,只有从整体出发,宽视域、深层次、无死角地来观照、思考、建构生态课堂,才会达到教学效益最大化。长方形的面积本质就是求长方形包含多少个面积单位,从几何度量入手,长度、面积、体积、角度等度量本质是一致的。因此,我借助动画了解点、线、面之间的内在联系,引入新课,为实现度量视角下的结构化教学做好准备。在研究长方形面积的时候,从求长方形的面积就求它包含多少个面积单位入手,通过"密铺""铺—排—列""量出长和宽"等方法,在铺的过程中感知面积的可加性。优化策略的过程是一个逐步抽象、推理的过程,基于长方形、正方形的特征推出其面积计算公式,让学生借"度量"之力助"量感"发生,让学生真正"热"起来、"活"起来、"思"起来,做到真诚参与、真心学习、真实提高。

第二,问题引领,实施生态教学方式。打造生态课堂应突出学生的主体地位,密切关注学生的思维状态、表达情态、合作动态,真正做到因学定教、顺学施导、循学求变。本节课中,部分学生知道了长方形的面积为长乘宽,但不知道为什么。本次设计注重学生的学习需求与认知基础,创设富有张力的情境,以问题引领学习,创设了两个问题:"长方形的面积是不是等于'长×宽'?为什么?"第一个问题通过充分展示知识的形成过程,让学生经历动手摆拼的过程,培养观察、分析、推理的能力,自主感悟其中的数学道理,并在掌握了长方形面积计算公式的基础上,大胆猜测、验证、总结正方形面积的计算方法,切实落实"生本课堂"。第二个问题让学生在探索中寻找发现,在交流中激发学生自主说理、辨理的热情,突破学习重难点。课堂上,教师注重对问题的追问,动中有思,以思促动，达到让学生深度学习的目的，始终坚持"人在课中央"的原则，关注人、发展人、提升人，不断为学生完善生态课堂。

第三，学生展示，培育生态课堂主体。展示既是高效课堂的重要手段，也是生态课堂的标志之一。在展示中学生发现长方形的面积真的等于长乘宽，验证了自己的猜想是正确的，体验了成功感，激发了学习欲。教师接着追问："为什么会等于长乘宽？"这让学生的探究欲望更强，不仅帮助学生理解了数学知识的本质，突破了本节课的难点，而且提升了学生的数学素养，有效培养了其空间观念和推理意识。在展示中，教师要特别注意鼓励学生大胆阐述自己与众不同的见解、看法和主张，并适时做好追问、点拨、启发、引导和评述。唯有充分信任学生，真正做到疑问让他们提、思路让他们寻、答案让他们找、试验让他们做，如此，我们的课堂才会真正焕发出无限的活力、显示出无穷的魅力。

四、"位置与方向（一）"课例解析

【课前思考】

"位置与方向（一）"是人教版数学三年级下册第一单元"位置与方向"的第 1 课时，属于"几何与图形"的知识领域。"认识方向"既是学习"位置与方向"的重要内容，也是学生在日常生活中积累了一些不可缺少的重要技能之一。学生在日常生活中已经积累了一些东、南、西、北等方向的知识和感性经验，并通过第一学年的学习，会用上、下、左、右、前、后描述物体的相对位置。本节课在此基础上，调动学生已有的学习经验，以学生的活动为主线，初步形成确定方向的基本方法，增强学生的知识应用意识。

三年级的学生以具体形象思维为主，抽象逻辑思维在很大程度上仍然与感性经验相联系，空间想象能力和识别能力较差。因此，在教学中，我密切联系实际，在学生已有的知识经验基础上，通过大量的游戏活动帮助学生掌握分辨东、南、西、北的技能，引导学生学会以数学的形式思考和表达，打造生态课堂，提升学生的批判性思维素养。

【教学目标】

（1）结合具体情境，认识东、南、西、北四个方向，并能用这些方位词描述物体所在的方向。

（2）通过现实的教学活动，培养学生辨认方向的意识，进一步发展学生的空间观念。

（3）通过活动体验，培养学生热爱生活、学以致用的意识，让学生感受数学与现实生活的密切联系。

【教学重点】

在具体情境中确定和区分东、南、西、北四个方向。

【教学难点】

能根据给定的一个方向辨认出其他三个方向。

【教学过程】

（一）创设情境，导入新课

1. 找出课前活动中表示方向的词语

（1）自我介绍。

师："你们认识老师了，老师也想来认识认识你们，谁来介绍下自己？你的前桌是？后桌呢？左边？右边？谁再来介绍下自己和前、后、左、右的同学。"

（2）介绍学校。

师："老师第一次来到你们美丽的学校，看到学校有个美丽的大门，旁边还有个车棚，谁再来介绍介绍学校，你们学校还有什么呢？"

生："操场、国旗。"

（3）课前小活动。

师："同学们，在上课之前，老师先带领大家做一个课前小活动，放松一下。"

师："来，同学们起立。"

师："（放课件）大家一起来，双手叉起腰；向前点点头，向后指一指；向左弯弯腰，向右跺跺脚；向上挥挥手，向下拍拍手。"

师："好，同学们请坐，课前我们做了韵律操，谁能从中找出表示方向的词？"

生回答："前、后、左、右、上、下。"

2. 你所知道的其他表示方向的词语

师："你们还知道哪些表示方向的词语？"

生回答："东、南、西、北。"

3. 揭示课题：东、南、西、北

师："今天我们就来一起认识东、南、西、北这几个新朋友。"

（二）亲身体验，内化新知

1. 以学定教，初识方向

（1）师："关于东、南、西、北四个方向，你知道哪个方向？你是怎么知道的？"

生："太阳东升西落。"

师："嗯，太阳是我们忠实的向导，你们用生活中的经验告诉我太阳升起的方向就是东方，那你能指一指东方在哪儿吗？"

师："早上老师来学校仔细观察过，因为太阳是从我们学校大门这个方向升起来的，所以这个方向就是（东）。我把太阳升起的位置在教室的这面墙上标出来，这面就是东。"（将"东"字贴图贴在东方墙上）

生1："老师，我还知道上北下南。"

师："哦？你还知道平面图上的方向，真不错。"

师："教室的东面有什么？"

生2："有窗帘，有花，还有相框。"

师："我们借助太阳知道了东面，那么另外三面我们又该怎样辨别呢？"

（学生思考。）

师："刚才大家很快根据太阳东升西落确定了教室的东方和西方。（指教室的另外两个方向）那么南、北这两个方向我们又该怎样辨别呢？"

（2）根据方向歌，确定东、西、南、北四个方向。

师："看来有点儿难，我们早在一年级学过方向歌，请它来帮帮忙吧。"

早晨起来，面向太阳，前面是（东），后面是（西），左面是（北），右面是（南）。

师："你能通过儿歌找到其他方向吗？"

生："能。"

师："全班起立，面向太阳，一起边读边指方向，老师把方向词贴在墙上。"

师："教室的南面有什么？北面有什么？"

（学生回答。）

（3）观察四个方向，明确"东西相对，南北相对"的特点。

师："请同学们闭眼想象，教室东、西、南、北四个方向的位置。"

（教师说方向，学生闭眼指一指。）

师："同学们，你们真是太棒了，已经确定了东、西、南、北四个方向。那东、西、南、北有什么关系呢？"

生："东西相对，南北相对。"

2. 活动探究，再识方向

（1）活动一：转一转。

师："刚才我们已经认识了东、南、西、北四个方向，接下来玩一个'转一转，说一说'的游戏。"

①转：学生听口令，依次向右转。

②说：在转一转的过程中，你发现了什么？

（先听清游戏规则：全班先面向东站立，老师说转，才能转；转向哪一方就报哪一方的方向。）

师："全体起立，面向东方！"

（一次转）

师："现在我们前面是？"

生齐："东。"

师："向右转。"

生齐："南。"

师："向右转。"

生齐："西。"

师："向右转。"

生齐："北。"

师："向右转。"

生齐："东。"

（二次转）

师："接下来我们要改变游戏规则了！转之前，先说出'我的前面是（#）'，'我的右面是（#）'。清楚了吗？"

（三次虚拟转）

师："现在增加难度，只想不转，告诉你们面朝的方向，你们是否能马上说出右手的方向？"

生闭上眼睛想：我面朝西右手指向（　），我面朝东右手指向，我面朝北右手指向（　）。

师："在转一转的活动中，你发现了什么？"

生："'东'向右转是'南'，'南'向右转是'西'，'西'向右转是'北'，北向右转是'东'……"

师："我们刚才是按照什么样的方向转的？说说我们刚才是按照顺时针转的还是逆时针转的？因此东、南、西、北是怎样转动的？"

生："我们刚才一直都是按照顺时针方向转的，因此东、南、西、北是按照顺时针方向转的。"

师："对，顺时针方向，它能帮助我们记住这四个方向。数学上把这种依次向右转叫作顺时针转。"

（2）活动二：摆一摆。

师："下面我们来摆一摆，请看活动要求。"

①摆：同桌合作，摆出东、南、西、北四个方向。

②说：和你的同桌说说你是怎么摆的。

师："（指名读）大家明白了吗？请拿出学具袋，开始吧。"

生："先放'东'，在右边格子放'东'。"

师质疑："东面一定得在这个方向吗？"

生："不一定，'东'可以放在上、下、左、右随机方向。"

师追问："一定得先放'东'吗？为什么？"

生："先放哪一个都可以。"

师："同学们真聪明！现在大家来想一想，第一个问题，如果我们要确定四个方向，最少需要知道几个方向？第二个问题，如果我随便给你一个确定的方向，你能说出其他三个方向吗？"

师："（指着黑板）我把'东'放在这，其他三个方向应放哪儿呢？"

（学生回答。）

师："同学们反应真快。"

（3）活动三：指一指。

①指：请一名学生用手指一指某一个方向；向前走两步，再指一指这个方向；向右转，再指一指这个方向。

②说：在指一指的活动中，你发现了什么？

生："我发现，不管怎么走，东、南、西、北四个方向都没有变化。"

师："无论人的位置和面对的方向如何改变，东、南、西、北四个方向永远不会改变。因此，人们在航海、航天及画地图时都用东、南、西、北来确定方向。"

（三）闯关练习，运用方向

师："认识了东、南、西、北四个方向及其规律，咱们一起来闯关吧。"

（1）选一选：早晨，太阳在东方。下面说法正确的是（　　）。

A. 泉城综合楼在校园的北面

B. 旧教学楼在校园的南面

C. 大门在校园的东面

D. 升旗时，小红面向国旗，当她向右转之后，她面向的是学校的南面

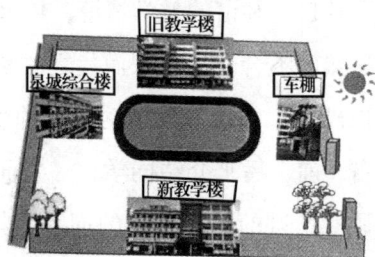

（2）说一说：小明说对了吗？为什么？

（3）画一画：利用东、南、西、北四个方向，介绍自己卧室的布置，并试着把卧室画出来。

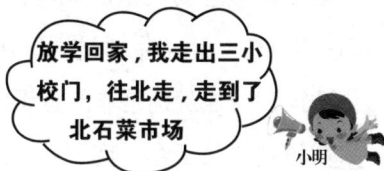

（四）拓展延伸，辨别方向

师："同学们，刚才我们借助太阳来辨别方向，我们还能借助什么来辨别方向呢？（学生自由说）对，生活中还有很多的向导能为我们指引方向。"

（1）介绍"指南针"。

（2）师："如果你在野外迷了路，你有什么好办法吗？"

（五）课堂小结

师："同学们，通过这节课，你学会了什么？我们是怎么认识它们的？"

【课后思考】

生态课堂中，每名学生都是探索的主体，都有独立的思维。本节课让学生在"玩中学"，经历"观察—体验—比较—概括"的过程；同时，教师设计行之有效的数学教学活动，提出合适的问题，引导学生在形成数学知识的过程中学会以数学的形式思考和表达，培养"说数学"的能力，发展数学思维，提升数学素养。本节课主要从以下三点进行思考。

第一，创设问题引领的生态环境。生态化的课堂教学强调课堂情境是一种自然和谐的教学情境，传统的"我说你听""我说你记"在生态课堂中显然已不合时宜，取而代之的是鲜活的师生对话。因此，为了提高学生的积极性，创设学生主动参与的生态环境必不可少。在课前，让学生以左、右、前、后来介绍同学，一方面可以激发学生的兴趣，另一方面让学生回顾所学过的描述方向的词。在教学中，学生最熟悉的方向是"东"，我有意识地提出一些易混淆的概念，如"东在哪个方向呢？""你的东面和我的东面一样吗？"让学生通过观察比较，认清本质，批判地参与判断和评价，自行矫正，增强辨别是非的意识。

在问到"关于东、南、西、北四个方向，你知道哪个方向？你是怎么知道的？"时，有个学生在回答中提道："上北下南，左西右东。"这是地图的绘制方法，也是考试的重点，所以当时我就直接跳过了太阳从东方升起的情境，而是直接问：'上北'是什么意思？"学生说是"前面"。我于是又问："我现在面对你们，上北，那这头是北。"我用手指前面，许多学生表示同意。我又转身，面向窗户，说："上北，现在这头是北。"有些学生有些迟疑了。我继续转身，面向黑板，说："上北，现在这头是北。"这下学生不敢回答了。哪有那么多北？于是经过讨论，大家觉得这个口令得先确定了北才能用。

在"摆一摆"活动中，学生在三组图例的观察比较中，对方向的核心概念逐步体会、理解。教师引导学生有条理、有根据地进行观察思考，如"东面一定在右边吗？""一定要先确定东面吗？"学生的思维最大限度地活跃起来，积极参与学习过程，敢于发表自己的不同见解，从而明确用东、南、西、北表示方向具有确定性和绝对性，进而清晰地认识到一年级学习的方位词是随着转动而改变的，而三年级学习的方位词不会随着转动而改变。因此，在介绍方向的时候，用三年级学习的方位词更加准确和合适。在观察比较中，学生对所学内容的核心问题进行了深入的批判，极大地唤醒了学生参与学习的主动性，使学生探究数学奥秘的积极性空前高涨，同时有效培养了学生的批判意识。

第二，开展活动实践的生态教学。没有活动就没有生态教学。生态课堂中，师生间、生生间总会在认知、情感、意识等方面不断地进行碰撞与吸纳。在活动探究环节，我设计了三个活动，以学生为主体，让学生亲身经历学习过程，积累数学活动经验，形成数学核心素养。通过"转一转"活动，让学生在活动中认识东、南、西、北四个方向是按照顺时针方向转的；通过"摆一摆"活动，让学生进一步理解东、南、西、北四个方向的特点，突破"能根据给定的一个方向辨认出其他三个方向"这一教学难点；通过"指一指"活动，深化对东、南、西、北四个方向不会因人的位置和面对的方向的改变而改变这一本质的认识。培养学生的批判性思维，就要让学生亲身体验，敢于大胆质疑和猜想，独立思考，在体验的过程中强化对知识的应用能力。

第三，设计联系实际的生态评价。行有卓效、动有显成的课堂才是名副其实的"生态课堂"。"只重分数不重人"的生态是劣生态，"只见花样不见分"的生态则是假生态。本节课中，第一道选择题要求学生在认识"东、南、西、北"的基础上与"前、后、左、右"结合，找到知识点间的联系，这样有助于学生从多角度理解方位与方位之间的关联；第二道题引导学生在解决自己熟悉的生活场景问题中，加深对方位的认识与体验，意在考查学生能否用这些方位词描述物体所在的方向，提升学生对位置与方向的理解程度，增强学生的空间意识及批判性思维；第三道题属于实践操作题，让学生按照自己家的方位和场所的位置，绘制简单的平面图，并能做简单的介绍，在交流中评价与反思，从而提升规划能力，积累实践经验。

本节课中设置了各种活动（如"说一说""转一转""摆一摆"等），建立了平等对话的师生关系，创设了和谐自然的课堂情境，形成了自然生态的教学氛围，充分体现了新课程标准中数学的生活性。其中，学生是数学学习的主人，教师是数学学习的组织者、引导者与合作者。数学教学必须以学生已有的知识、经验为基础，使教学重难点突出，学生愿学、乐学。在一个立体化的开放式课堂中，学生能获得大量的知识信息，从而提高数学核心素养及能力并能够利用所学知识解决问题，把课堂延伸到课外，变"学数学"为"用数学"。

第三节 "统计与概率"领域

一、"平均数"课例解析

【课前思考】

"平均数"是人教版四年级下册第八单元的内容，属于"统计与概率"领域的内容。在大数据时代，统计教学要注重培育学生的数据意识。《义务教育数学课程标准》（2022 年版）的"课程目标"部分提出小学阶段 11 个核心素养的主要表现，"数据意识"便是其中之一。其学科界定是：对数据的意义和随机性的感悟。"平均数"作为一个统计量，是小学统计教学中的核心内容，是学生在小学阶段第一次运用数据进行数据分析，经历"用数据说话"的过程，在整个统计素养、统计思维培养中占据重要地位。

在认识平均数之前，学生接触到的数都是具体的、真实存在的；而平均数是刻画一组数据集中趋势的统计量，是虚拟的、不存在的。它反映的不是数量的多少，而是一组数据的整体水平。平均数是学生在第一学段已经理解平均分及除法运算含义的基础上学习的。但平均数与平均分的意义是不完全一样的。平均数是一个"虚拟"的数，是借助平均分的意义计算得到的。四年级的学生在生活中或多或少听说过"平均数"，但对于平均数的概念并不理解。通过前测得知：学生对平均数的算法掌握得较好，但对其统计意义理解不深入，尤其是对平均数的"统计意义"的属性表现了解得很少。那么教师应如何教学才能让学生感受到数据的力量，从培养数据意识的角度理解平均数的统计意义？在小学阶段，通过创设合适的统计调查问题情境，让学生从中感悟和体会平均数的统计意义，并做出有关平均数问题的合理推断，解决简单实际问题，才是平均数回归"统计与概率"领域应有的样子，也更有利于学生数据意识的培养。

【教学目标】

（1）理解平均数的含义，能运用平均数解决简单实际的问题。

（2）使用"移一移"或"算一算"探索求平均数的方法，在实际情境中体会平均数的特点和作用。

（3）积累数学活动经验，发展数据分析观念，感受数学与生活的联系，体会学习数学的乐趣。

【教学重点】

理解平均数的意义，掌握求平均数的方法。

【教学难点】

理解平均数在统计学上的意义。

【教学过程】

课前游戏：比比谁是计算小能手。

师："同学们，你们喜欢玩游戏吗?"

生："喜欢。"

师："那课前就先玩个游戏。先听老师说说游戏规则：电脑上会出现一些计算题，点击你认为计算正确的题目，每题只有 5 秒的答题时间，共 8 题。看看谁是计算小能手。"

师："请用你的坐姿告诉老师，你想上台来玩游戏。"

师："我们给这两名同学分别编号为①号、②号。"（板书：①号、②号）

师："大家一起问问两名选手，你们准备好了吗?"

师："好，那就开始吧。"

师："恭喜 ×××，我们把掌声送给他。"

师："我们一起把两名同学的答题情况记录下来。"（板书）

师："游戏结束了，接下来开始上课吧。"

（一）创设情境，激趣引入

师："同学们，我们班第五单元数学考试班级平均分是 85 分，是不是每名同学在这次考试中都得 85 分？为什么？"

生："不是。有的比 85 分高，有的比 85 分低，也有可能是 85 分。"

师："谁知道 85 分是怎么来的？"

生："平均分就是算出全班的总分，再除以全班人数。"

师："真厉害，你都知道平均分是怎么算出来的。确实如大家所说，班级平均分为 85 分，不一定是每个同学都考 85 分。"

师："上周四年二班的 4 名同学也玩了我们刚玩的"比比谁是计算小能手"游戏。他们平均每人答对 6 题，是不是每名同学都答对了 6 题？"

生："不是。可能比 6 多，可能比 6 少，也可能等于 6。"

师："瞧，这是他们的游戏结果，老师把他们的答题情况用统计图表示出来。"

师："一个圆圈表示答对 1 题。从图中你知道了什么？"

生："①号答对了 8 题，②号答对了 3 题，③号答对了 6 题，④号答对了 7 题。"

设计意图：创设"比比谁是计算小能手"的游戏，让学生亲历数据收集与统计的过程，提高其获取信息和提出问题的能力，激发学生的学习积极性。

（二）分层探究，建构新知

1. 合作交流，探究方法

师："平均每人答对几题？我们一起来探究。"

师："接下来请拿出学习单，看大屏幕，一起把要求读一读。"

师："同桌两人合作，选择其中的一种方法。在学习单上移一移（使每人答对的题数一样多）或者算一算。"

（1）移多补少。

师："谁来说说自己的方法？"

生 1："我选择的是移一移。从 8 里移动 2 个给 3，再从 7 里移动 1 个给 3，这样 4 个数都变成了 6。"

师："请同学们认真观察，移完后，你有什么发现？"

生 2："每人答对的题数变得同样多，都是 6 道题。"

师："是的，原来每人答对的题数不一样多，现在变成一样多了。"

师："在数学上，像这样从多的里面移一些补给少的，使每个数都同样多，叫'移多补少'。"（板书：移多补少）

（2）求和均分。

师："请 ×××同学说说你的方法。"

生："我的选择是算一算。把 4 个同学答对的题数加起来，再除以 4。"

师："为什么用除法？"

生："平均分的问题。"

师："24 是什么意思？"

生："4 个同学共答对了 24 题。"

师："也就是 4 个同学答对的题目的总数。"（板书：总数）

师："那除以 4 是什么意思？"

生："平均分给 4 个人。"

师："4 也就是平均分的份数。"（板书：份数）

师："6 表示什么？"

生："平均每人答对 6 题。"

师："刚刚我们是先求出这几个数的总和，再平均分。我们也给这种方法取个名字，叫'求和均分'。"（板书：求和均分）

（3）联系对比，引入概念。

师："这两种方法不同，但有没有什么相同的地方？"

生："结果相同。"

师："原来每人答对的题目一样吗？"

生："不一样。"

师："通过移多补少……"

生："变得同样多了。"

师："那通过算一算呢？原来的几个数……"

生："原来不同的几个数都变成了6。"

师："也变成同样多了。"

师："通过移多补少或求和均分，每人答对的题数由不一样多变成同样多，都变成了6题。6就是这4个数（8，3，6，7）的平均数。这就是我们这节课要研究的内容——平均数。"（板书课题：平均数）

2. 借助直观，理解意义

师："那这个6是指每个人真的都答对6题吗？"

生1："不是。"

生2："指平均每人答对6题。"

师："有的答对的比6……（多），有的比6……（少）。"

师："这里也有个6（指图中对应的6），这两个6意思一样吗？"

生："不一样，图中的6表示③号真的答对了6题，而我们求出来的6是指平均每人答对6题。"

师："也就是这里的6表示③号的个人水平，而我们求出来的6表示……"

生："这4个人的平均水平。"

师："是的，平均数反映的是一组数据的平均水平。"（板书：平均水平）

3. 应用新知，解决问题

师："课前我们班也玩了游戏。我们先把我们班的答题情况录入电脑。"

师："我们班一共答对了几题？他们一共答对了几题？"

生："我们 × 题，他们24题。"

师："哪班成绩好？"

生1："比不了。他们4个人,我们才2个人。人数不一样,比不了。"

生2："人数不同,比较总数不公平。"

师："那怎么才能判断哪个班的答题水平高呢?"

生1："让人数一样多。让四年二班去掉2个人。"

生2："我们班增加2个人。"

师："那要是我们班不增加游戏的人数,不能比较总数,应该比什么更公平呢?"

生:"比较平均数。"

师："我们一起算一算、比一比。"

生:"(#)+(#)+2=(#)。"

师："为什么刚刚四年二班是除以4,现在却除以2?"

生:"平均分给两个人。"

师："我们班答题水平高还是四年二班答题水平高?"

生:"××<×,所以,×班的水平高。"

师："×班的水平高,是指×班每个人的答题水平都比××班的高吗?"

生1："不是。可能比×班高,也可能相同。"

生2："平均数反映的是平均水平,不是个人水平。"

师："所以当出现人数不同时,不能比较总数,可以比较平均数。"

设计意图:学生通过动手操作或尝试计算,探索出求平均数的两种方法,即"移多补少"和"求和均分"。借助直观,感受平均数的统计意义,即平均数是刻画一组数据的集中趋势的统计量。在解决"哪个班的成绩好"这个问题时,"用总数比较两个班的答题水平不公平"引起学生质疑,再让学生经历分析、比较,探究出当人数不等时,可以比较平均数,感受平均数的作用,体会到平均数可以作为不同组数据比较的一个指标。

4. 创设情境,体会特点

(1)敏感性。

师："假如我再请一名同学上来做这个游戏，编号为③，他可能答对几题？"

生："5题、8题、4题……"

师："是的，都有可能，那平均数会发生变化吗？"

生："会。"

师："商是小数的除法，我们还没学，我们请电脑来帮忙算一算。"

师："先输入①、②号的成绩，③号可能答对……"

师："请你认真观察，你发现了什么？"

生："平均数变了。"（只有当答对 × 题时，平均数没有变，一样是 ×。）

师："真是善于观察！看来，平均数是个敏感的东西，它会随着某个数据的变化而发生变化。"

（2）区间特点。

师："老师搜集了我们班上的三名同学（A，B，C）的身高数据，用这条虚线表示他们的平均身高线，请你估一估，这条虚线大约在什么位置？和你的同桌或前后桌讨论讨论。"

师："谁上来移一移？"

（学生操作。）

师："同意吗？"

生1："让A同学补给B同学一些。"

生2："不对，A同学补给B同学还不够，C同学也得补一些给B同学，这样他们才会一样高。"

师："真厉害。"

师："那平均身高线可能在这吗？"

生："不可能。另外两名同学都比他高。"

师："我们刚学了'移多补少'的方法，要使他们的身高一样，高的同学……"

生："移一些补给 B 同学，他就不止这么高了。"

师："看来平均数不能比最小数小，它要比最小数大。"（板书：最小数＜平均数）

师："那可能在这吗？"

生："也不可能。A 同学是最高的，要移一些补给另两名同学。平均数比他的身高低。"

师："看来平均数也不能比最大数大，它要比最大数小。"（板书：平均数＜最大数）

师："那估平均数应该在哪里找？"

生："最小数和最大数之间。"

师："你们太厉害了，又发现了平均数的一大特点。"

（3）超过平均数的部分等于不超过平均数的部分。

师："请你仔细观察，A 同学超过平均身高线……"

生："2 格。"

师："那 B 同学和 C 同学呢？"

生："B 同学和 C 同学都比平均身高线低 1 格。"

师："请你再次认真观察超过平均身高线的部分和不超过的部分，你发现了什么？"

生："超过平均身高线的部分和不超过平均身高线的部分相同。"

师："会不会只是巧合？我们再来看看另外三名同学的情况。

生："D 同学比平均身高线低 1 格，F 同学比平均身高线高出 3 格，E 同学比平均身高线低 2 格。"

师："发现了什么？"

生："超过平均身高线的部分和不超过平均身高线的部分相等。"

师："我们来移一移。"

师："你知道其中的原因吗？"

生："超出的部分移给不超过的部分，两部分相等，才能使每个人都变得同样高，都等于平均身高。"

师："这也是平均数的一个特点。接下来，小试牛刀移一移。"

师："三个人中有两人的身高是确定的，并且三个人的平均身高也是已知的，你知道另一个人的身高吗？谁上来移一移？"

师："利用刚发现的平均数的特点，我们巧妙地解决了这一问题。"

设计意图：通过创设增加参赛人数、确定平均身高线、确定身高等情境，让学生体会平均数的特点，即敏感性、区间特点、超过平均数的部分等于不超过平均数的部分，以丰富学生对平均数的认识。

（三）学以致用，巩固提升

师："一起探究了这么久，是时候考考你们了。同学们，准备好接受挑战了吗？"

1. 做一做

下面是 5 名同学为灾区小朋友捐书的情况。平均每人捐几本书？

姓名	杨欣宇	王波	刘真尧	马丽	唐小东
本数	8	6	9	8	14

师："这 5 名同学真是善良的孩子，我们也要向他们学习。"

2. 选一选

下表是刘东上学期期末考成绩单，他不小心把成绩单撕破了，不通过计算，我知道刘东的数学成绩是（　　）分。

学科	语文	数学	英语	平均分
成绩	94		96	96

A. 96　　　　　B. 97　　　　　C. 98　　　　　D. 99

3. 想一想

上周我们学校举行了合唱比赛，以下是 5 位评委给 1 名参赛选手的打分情况，总分为 100 分，你认为这名参赛选手的最终得分是多少？

第一位	第二位	第三位	第四位	第五位
62	83	85	87	98

师："规则一般是这样规定的：去掉一个最高分和一个最低分，然后求平均分，这样就能更加客观、公平、公正地反映出选手的真实水平。"

师："看来，认识了平均数，对我们解决生活中的问题还真有不少帮助。"

设计意图：通过设计巩固性、拓展性问题，在帮助学生进一步理解平均数意义的同时，培养学生应用新知识解决问题的能力，感受数学与生活的紧密联系，增强学生学习数学的积极性。

（四）回顾新知，拓展延伸

1.谈收获

师："通过本节课的学习，你有什么收获？"

生 1："认识了平均数。平均数表示的是一组数据的平均水平。"

生 2："知道了求平均数的方法。"

生 3："还知道了平均数的一些特点。"

生 4："会用平均数解决问题。"

师："在我们日常生活中常常会遇到有关平均数的问题，希望同学们能用学到的平均数的知识去解决它们。"

2.我是数据分析师——生活中的平均数

（1）2019 年我国人均预期寿命达 77.3 岁，逐年升高。

（2）泉州市历年平均工资变化情况（2019 年：4910 元）。

【课后思考】

在课堂生态理念下，教学活动不再是单向的师教生学的关系，而是各类课堂生态因子的动态组合和互动。教师与学生以平等、民主、合作、对话的关系共同参与教学。教师是教的主体，学生是学的主体，师生互为主体，互促互利，和谐共进，教学相长。师生关系更为多元、共生，教师以学生发展的组织者、引导者、促进者身份，学生以求知过程的参与者和探索者身份，平等交往，这样才能建立平衡的生态课堂。基于以上思考，本节课主要从以下三个方面对生态课堂的构建进行探索。

第一，"玩"中体验，构建生态课堂。好玩是儿童的特性，好奇心驱使他们对任何事都要自己亲自试一试。小学生的思维依旧是以具体形象思维为主，因此在教学中可以利用数形结合的优势，帮助学生更为直观地感知概念。例如，在理解平均数的含义、探索平均数求法时，用移多补少法演示平均数，让学生用手势比画平均数的范围，用虚线描画平均数；在感受平均数特征时，结合现代化信息技术——几何画板进行动态展示。课堂上，让学生眼、耳、脑、手、嘴全方位参与学习，从而更好地理解概念、运用概念。学生在玩的活动中情绪高涨、思维活跃，进一步体验新知。

第二，"动"中体验，构建生态课堂。教学活动是师生积极参与、交往互动、共同发展的动态过程，不妨给学生一个有"生命"的课堂，让课堂与生活实际联系起来，使学生的数学基础知识与基本技能技巧在交往互动的体验中得到发展。数学知识源于实践并最终应用于实践。例如，在对平均数意义进行理解时，通过"移一移"的操作活动，引导学生感知平均数与组内每个数据的密切联系。又如，学习平均数之后，让学生以小组为单位，自选专题，展开活动，如测量计算班级同学的平均身高、平均体重，全校各班的平均人数、教师的平均年龄，附近菜市场某一种蔬菜的平均价格，等等。让学生在互相协作中开展活动，能很好地锻炼其解决实际问题的能力。

第三，"说"中体验，构建生态课堂。每个学生的经验及对经验的感悟不同，因此，不同的学生对事物的理解也不可能完全相同，他们站在不同思维角度所看到的是事物的不同反映面。教师可以利用这些反映面来引发学生交流，使学生互相促进。例如，在平均数的巩固练习环节，可以设置"我是数据分析师"的活动情境，出示不同层次的生活化问题，如"平均年龄""平均体重"等，引导学生利用平均数知识对生活现象进行描述、解释和推理，进一步完善学生对平均数的认知，培养学生的数据意识。

二、"百分数的认识"课例解析

【课前思考】

《义务教育数学课程标准》(2022年版)把"百分数"的内容从"数与代数"领域移到"统计与概率"领域，这样的调整意在引导学生建立数据意识，凸显了百分数的统计意义。该课标中关于"百分数"的内容要求如下：结合具体情境，探索百分数的意义，能解决与百分数有关的简单实际问题，感受百分数的统计意义；百分数教学要引导学生知道百分数是两个数量倍数关系的表达，既可以表达确定数据，如饮料中果汁的含量、税率、利息和折扣等，也可以表达随机数据，如某篮球运动员罚球命中率、某城市雾霾天数所占比例等。建议利用现实问题中的随机数据引入百分数的学习，帮助学生了解百分数的统计意义，了解利用百分数可以认识现实世界中的随机现象，做出判断、制订标准。

本节课的知识生长点建立在学生完整掌握分数意义，并对百分数已经有一个模糊不清的感知基础上，通过学生认知冲突使学生产生强烈的学习欲望。六年级的学生基本能掌握百分数的读写，但对百分数和分数之间的关系有一定的感知，对百分数意义的理解和实际应用还是比较浅薄，大部分学生还停留在形式上。因此，本节课的教学以任务驱动，着重加强知识之间的联系与沟通，激活学生已有的生活经验，培养学生的类比迁移能力和发展数据意识。通过这一系列的教学活动，为学生营造生态课堂环境，发挥学生的课堂主体地位，充分调动学生学习的自觉性。

【教学目标】

（1）借助生活经验，能正确读、写百分数，在具体情境中理解和掌握百分数的意义，会解释日常生活中常见的百分数的实际含义，知道百分数与分数之间的区别与联系，沟通知识间的内在联系。

（2）在理解百分数的意义过程中，培养学生的分析比较能力和抽象概括能力，形成数据意识，发展应用意识。

（3）使学生体会百分数的应用价值，感受数学与日常生活的联系，激发学生学习数学的兴趣，树立学好数学的信心。

【教学重点】

理解和掌握百分数的意义。

【教学难点】

在具体情境中，理解和掌握百分数的意义，理解百分数与分数的区别与联系。

【教学过程】

（一）开门见山，引出问题

1. 明确百分数的读写法

师："今天我们一起来研究百分数。这是课前老师让同学们收集的含有百分数的图片。（展示图片）你们会读吗？先自己读一读，再和同桌互相读一读。"

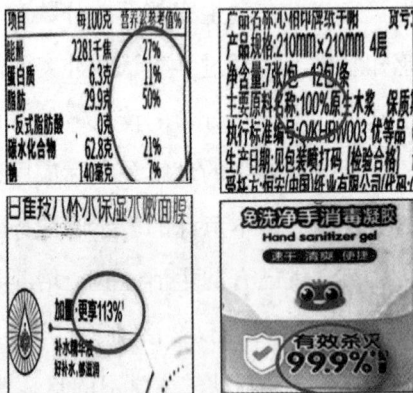

师强调："读作百分之……（全班读）"

师："看样子都会读了，这些百分数要怎么写呢？我们先写数字，再写%。"（板书：100%）

追问示范：书写"%"要注意什么呢？两个小圈要写小一点儿，以免跟 0 混淆。

2. 独立思考，提出问题

师："百分数我们会读会写了，关于百分数你还想知道什么？"

（学生回答。）

师小结："今天我们就先来探究什么是百分数，以及百分数和分数的区别和联系这两个问题。"

设计意图：通过课前学生收集到的含有百分数的图片，让学生知道百分数的读写法，揭示课题；让学生自主提出问题，任务驱动。

（二）深入研究，探索新知

驱动问题一：什么是百分数？

1. 活动一：结合篮球中的百分数，理解百分数的意义

（1）体会百分数产生的价值。

师："同学们，你们看！学校里有三名球员进行投球比赛，现在要从他们三个中选一个投篮水平高的去参加比赛，如果你是教练，你会选谁呢？"

队员编号	投中个数
①	4
②	11
③	9

学生之间相互质疑、讨论，明确还需要知道每个人的投球总数才能判断。

师："你们真会思考，下面给出投球总数，你会选谁？为什么？"

队员编号	投中个数	投球总个数
①	4	10
②	11	25
③	9	20

师："对比下面三种做法，你们看懂了吗？请4人组成一个小组并在组内交流讨论。"

第一种方法：

我选②号：①号：10-4=6（个）

②号：25-11=14（个）

③号：20-9=11（个）

14＞11＞6

第二种方法：

我选③号：①号：$4÷10=\frac{4}{10}=\frac{40}{100}$

②号：$11÷25=\frac{11}{25}=\frac{44}{100}$

③号：$9÷20=\frac{9}{20}=\frac{45}{100}$

$\frac{45}{100}＞\frac{44}{100}＞\frac{40}{100}$

第三种方法：

我选③号：①号：$4÷10=\frac{4}{10}=\frac{40}{100}=40\%$

②号：$11÷25=\frac{11}{25}=\frac{44}{100}=44\%$

③号：$9÷20=\frac{9}{20}=\frac{45}{100}=45\%$

45%＞44%＞40%

生1："第一种方法只考虑没投中球数不大对，万一投球总数更多，投中球数就受它影响。"

生2："第二种方法先把这些分数通分化成分母是100的分数，再比较大小。"

生3："第三种方法用百分数表示，直观且便于比较。"

师："所以我们选③号去参赛。"

（2）感悟百分数表示的统计意义。

师："这些百分数分别表示什么意思呢？同桌之间互相先说一说，说完请大家汇报。"

生1："40%命中率，即投中个数是总个数的百分之四十。"

生2："44%命中率，即投中个数是总个数的百分之四十四。"

生3："45%命中率，即投中个数是总个数的百分之四十五。"

师："这三个百分数表示的意思有什么相同的地方吗？表示这两个量存在什么关系呢？"

生1："都是投中个数是总个数的百分之几。"

生2："它们之间是倍数关系。"

设计意图：通过"谁的投篮水平高"真实情境驱动学生主动形成"命中率"的概念，让学生体悟百分数的价值。这样的设计凸显了百分数的统计意义，有助于学生体验百分数在分析、统计数据方面的优势。

2. 活动二：结合生活情境，理解百分数的意义

（1）通过生活中的百分数，理解百分数的意义。

生1：羊毛是面料成分的65.5%，锦纶是面料成分的34.5%。

师：这两种成分合起来是？（100%）可能超过100%吗？

生2：不能，最多100%。

生3：120%表示A品牌汽车1—2月销售量比去年同期多120%，相当于去年的220%。

师：这里为什么可以超过100%呢？

师："我们可以借助线段图来看看，羊毛和锦纶是面料成分中的一部分，是部分量和总量的关系，所以不能超过100%，而今年汽车销售量和去年汽车销售量是两个不同类量的比较，所以可以超过100%。

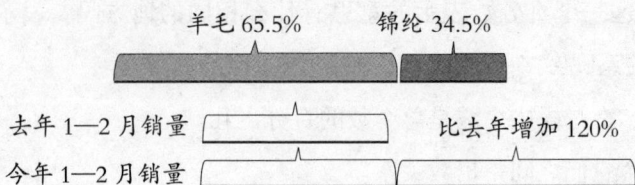

羊毛65.5%　　锦纶34.5%

去年1—2月销量　　　　　　　　比去年增加120%

今年1—2月销量

（2）利用学生收集的百分数，理解百分数的意义。

师："大家拿出课前收集的百分数，和同桌互相说一说它们分别表示的意义。"

生1："本次考试我们班的及格率是指及格人数是总人数的百分之九十。"

生2："纸巾原生木浆100%是指原生木浆占纸巾的百分之一百。"

生3："蛋白质占营养成分的百分之三。"

（3）小结。

师："这些百分数表示什么意思？现在谁可以用自己的话来说一说？ 4人组成一个小组并在组内交流讨论。"

生："表示一些成分占总成分的百分之几。"

生："都表示一个数是另一个数的百分之几。"

师："是的，百分数就是表示一个数是另一个数的百分之几，也叫百分率或者百分比。"

师："什么是百分数这个问题我们都解决了吗？"

生："解决了。"

驱动问题二：百分数与分数有什么区别和联系？

师："学习了分数，为什么还要学习百分数呢？百分数和分数有区别吗？区别在哪儿？"

$$\frac{57}{100} \qquad 150\% \qquad \frac{97}{100} \qquad 57\% \qquad 97\%$$

①据统计，国庆假期，半数以上的年轻人选择自驾游，占年轻人出游总数的（　　）。

②一堆煤重（　　）吨。

学生填写学习单，组内交流讨论，并进行全班汇报。

生1："第①题可以填写57%也可以填写$\frac{57}{100}$，因为都是表示两个数的关系。"

生2："第②题只能填分数，比如$\frac{57}{100}$，$\frac{97}{100}$，因为带了单位只能表示数量。"

师小结："分数和百分数都可以表示两个数的关系，区别是分数可以表示具体的量，百分数只能表示两个数的关系。"

设计意图：通过探究百分数意义中的两种情况——表示部分与整体的关系、表示两个独立量的关系，总结归纳百分数和分数意义的异同，加强新知与旧知的联系，帮助学生完善知识体系。

（三）巧设练习，应用提升

1. 我会选

题目：关于百分数$\frac{98}{100}$，下面表述正确的是（　　）。

A.98%与$\frac{98}{100}$所表示的意义相同

B. 六年一班计算题的正确率是120%

C. 一块布长68%米

D.74%的计数单位是1%，它含有74个1%

生1："我选择D，因为74%里面有74个1%。"

生2："选项A不正确，因为分数不仅表示关系，还表示数量，所以二者意义不同。"

生3："选项B不正确，计算题的正确率不能超过100%。"

生4："一块布长多少米，是指具体数量，不能用百分数。"

2. 我会说

题目：在某学校，五年级的近视人数所占比例是 36.5%，六年级的近视人数所占比例可能是多少？说说你的理由。

生1："我认为会比 36.5% 多，因为随着年级越来越高，近视人数会增加。"

生2："我认为也有可能不变，现在很重视视力的保护，也有可能不会增加。"

生3："是啊，有防蓝光的眼镜，加上严格控制电子产品、做好眼保健操，也有可能下降。"

师："是的，也就是都有可能。"

（四）畅谈收获，回顾反思

师："这节课快要过去了，你们有什么收获吗？"

【课后思考】

本节课中，以学生为主体的生态课堂不断深入，弥补了传统课堂教学模式的不足。数学源于生活，无论是在引入课题时，还是在百分数的意义教学中，教学内容的选择都应紧密联系学生的生活实际，探索小学数学生态课堂中的方法和路径，使学生认识到百分数在生产、生活中具有广泛的应用，致力于实现课堂教学生活的重建，有效提升课堂的实效和教学质量。具体而言，主要从以下三个方面进行探索。

第一，链接生活，构建生态系统。生态课堂是一个动态平衡系统。本节课一开始，构建了一个学生、教师、课堂环境相结合的"生态系统"，注重学生已有的经验，让学生聊聊生活中的百分数，感受百分数在生活中被广泛应用，激发了学生自主探究的兴趣。然后就是探究本课的重点：百分数所表示的意义。百分数的意义看似简单，学生理解起来却有一定的难度。教师作为学生学习的引导者，在引入环节直接抛出问题："谁的投篮水平高？选谁去？"学生有了分数的概念，引入百分数会比较自然。学生独立思考后，通过交流的方式发表自己的意见，在这种思维的碰撞中去寻找标准——百分数，这样更能让学生体会到百分数的重要性。这一过程不仅推进了学生对概念界定标准的认识，使学生在生态课堂中发表自己的见解，还为学生提供了自主探索的时间和空间，让学生根据自己的生活体验、经验及自己的思维方式去探索、去发现、去解决问题，从而主动学习。

第二，以生为本，构建生态课堂。生态课堂最重要的一个特征是强调培养学生的自主学习能力。学生虽然刚认识百分数，但是对百分数却并非一无所知，因此我先通过篮球的百分数的随机数据，再通过生活中百分数的确定数据，最后利用学生自己收集的百分数，让学生说一说这个百分数所表示的意思。通过生活中更多的百分数运用实例并阐述数字意义，强化了学生对百分数应用广泛性的感性认识，深化了学生对百分数意义的理解。从"概念的引入—概念的形成—概念的强化—概念的运用"，每个环节都从学生熟悉的生活情境出发，为学生提供相互交流的环境，倡导自主、合作、探究、讨论式的教学方式，让学生在思辨中理解百分数的概念，加深对百分数的意义的理解，从而培养学生的自主学习能力，为其之后更高层面的数学学习奠定基础。

第三，激发兴趣，营造生态环境。概念课的教学对学生来说是比较枯燥的，理解起来也较为困难，需要教师改进教学方法，对教学模式进行调整。这就要求教师要充分相信学生，把课堂还给学生，充分发挥生态课堂的优势，不仅要强化学生的主体意识，通过有效提问引导学生思考和解答，而且要使学生成为教学活动的积极参与者，激起学生对于"百分数"深层概念的研究热情，自然地引导学生开展数学概念的深度学习。学生在一连串体验研究的过程中，逐步完善概念的认知结构，学中有思，思中有行，感受数学的魅力和趣味，从而在数学课堂中更加积极主动地学习，不断提升自己的学习效率和学习能力。

三、"条形统计图"课例解析

【课前思考】

"条形统计图"是人教版四年级上册第七单元的内容，属于"统计与概率"知识领域的内容。新课标提出要创设真实的情景，引导学生经历简单的数据收集和整理，感悟收集数据的意义和方法，用数学语言表达数据所蕴含的信息，形成初步的数据意识。在第一学段，学生初步经历了简单的数据整理过程，能用自己喜欢的方式（文字、画图、简单的统计表等）呈现分类计数的结果。到四年级，学生已经有一定的数据收集能力和数据分析能力。因此，本节课创设统计"安溪县 2023 年 8 月的天气情况"这一真实的生活情境，放手让学生去经历数据的收集、整理过程，并选择自己喜欢的方式表达数据。引导学生对不同表达方式进行对比，在观察对比中感悟条形统计图的特点，知道条形统计图中的横轴、纵轴分别表示什么，每一格代表的数量是多少，等等。这为进一步学习绘制条形统计图打下了坚实的基础，逐步培养了学生的数据分析观念，提高了学生从统计图中获取信息的能力，从而达到用数学的眼光观察、用数学的思维思考、用数学的语言描述的目的。

【教学目标】

（1）初步认识简单的单式条形统计图（以一当一），了解条形统计图的制作方法，能在条形统计图中描述简单数据。

（2）经历用统计表、象形图和条形统计图来表示数量的不同方式的对比过程，体验条形统计图表示数量多少时更清楚、直观、便于比较等特点，体会学习条形统计图的必要性。

（3）经历简单的收集、整理、描述和分析数据的过程，会看条形统计图，能根据统计图中的数据提出并回答简单问题。

（4）进一步感受统计在现实生活中的作用，提高学生学习统计知识的兴趣。

【教学重点难】

经历条形统计图的产生过程，掌握条形统计图的特点与分析方法。

【教学过程】

（一）创设情境，谈话导入

师："今天的天气情况怎么样？明天会下雨吗？要想准确地知道每天的天气情况，你有什么办法？"

生："看天气预报。"

师："大家有这么多好办法，看来平时很善于观察生活呢。请看屏幕，这是安溪县 2023 年 8 月的天气情况记录单。你认识这些天气符号吗？"

生："认识。"

师："大家要注意区分多云与阵雨这两个天气符号。这张表记录的是 8 月 1—31 日每一天的天气情况，要想知道每种天气各有多少天，有什么办法解决吗？"

生："数一数。"

师："你们明白他的意思吗？"

生："把每种天气的天数分别数一数。"

师："哦，就是对这些天气情况进行整理，对吗？"

生："对。"

师："我们学过哪些记录数据的方式？"

生 1："象形统计图。"

生 2："统计表。"

生 3："条形统计图。"

设计意图：选用安溪县 2023 年 8 月的天气情况记录单，创设贴近学生现实生活的真实情境。层层设问，引导学生巩固旧知识，同时调动学生的学习积极性，激发其学习兴趣。

（二）亲身体验，主动探究

1. 引导比较，体会优点

师："请同学们用以前学过的方法，在学习单上把每种天气情况清楚地表示出来。请一名同学来给大家读一读活动要求。"

（学生朗读活动要求。）

师："①画一画：用你喜欢的方式把每种天气的情况表示出来；②想一想：为什么可以这么表示？③说一说：和你的同桌说一说你是怎么想的。"

（学生思考并实践。）

师："同学们都用自己的方法进行了整理，老师挑选了一些有代表性的作品，咱们一起来看看。用数字表示天数，你觉得怎么样？"

生："不用一个一个地数。"

师："看来，统计表用数字来表示天数，能清楚地知道每种天气的天数。"

师："用象形图表示呢？"

生："还得数一数才能知道有多少天。"

师："还得再数一数，这种方法有局限性，就没有优点吗？"

生："这种能一眼看出谁最多、谁最少。"

师："通过比较它们的高矮，就能一眼看出谁多谁少。看来，用象形图表示能够直观比较数量的多少！"

设计意图：让学生通过观察统计表和象形图，说一说它们各自的优缺点，目的是让学生感受统计表和象形图在提取数据时的局限性，体会引入条形统计图的必要性。

2. 结合优势，学习新知

（1）结合优势。

师："用数字表示，非常清楚；用象形图表示，可以直观地进行比较。能不能想个办法，既有清楚的数据，又可以直观地比较？"

生1："在图形边标上数据。"

师："在图形边标上数据，还有什么问题吗？为什么晴和多云天数一样多，但画的图却不一样高呢？"

生2："画的圆大小不一样，距离也不相等。"

师："看来用图形表示还要有个画图的标准。"

（2）初步认识条形统计图。

师："今天我们要学习的新方法就有这样的本领，它就是条形统计图，下面通过一个视频来认识条形统计图，请大家认真观看。"

（学生观看视频。）

师："在视频中我们认识了条形统计图，那它是由哪几部分组成的呢？"

生1："有标题。"

生2："有两条线，一条横着的，一条竖着的。"

生3："还有小方格。"

师："这条横向的线叫什么？"

生："横轴。"

师："它表示什么？"

生："天气。"

师："也就是统计的对象。竖着的这条线叫什么？"

生："纵轴。"

师："它表示什么？"

生："天数，也就是数量的多少。"

师："刚刚有同学提到了小方格，在条形统计图中要特别关注一格表示多少，视频中的条形统计图的一格表示什么？"

生："一天。"

师："唉，通常说它为"以一当一"，有几天就涂几格来表示，涂完之后叫什么？"

生："直条。"

师："统计图上还有什么比较特别的吗？"

生："有一个数字0。"

师："为什么这里有一个0？"

生："因为这里是涂格子的起点，一个也没有就用0表示。"

师："说得非常完整。为了表示统计图的内容，通常我们还会写上统计的标题。也就是说，一个完整的条形统计图包括横轴、纵轴、数据、统计对象、直条和统计的标题。"

（3）读取信息，解决问题。

师："请再仔细观察这个条形统计图，你能读懂哪些数学信息？"

生1："晴和多云的直条最高，所以它们的天数最多。"

师："晴和多云最多，有多少天？"

生1："有9天。"

师："你是怎样看出来的？

生1：观察纵轴这些数，我知道每格表示1天，晴和多云有这样的9格，所以是9天。"

生2："还可以通过观察晴和多云的直条最顶端对应的纵轴的数，它们都是9，所以是9天。"

师："真是太了不起了，还有什么发现吗？"

生1："阴天有6天。"

生2："阵雨天有5天。"

生3："雷阵雨的天数最少，因为它的直条最矮。"

（4）再次对比，凸显优势。

师："你们都有一双善于发现的眼睛！我们回过头来，比较统计表、象形图和条形统计图这三种方法。"

①与象形图比较。

师："比较一下条形统计图和象形图，用哪种来表示更清楚？"

生："条形统计图更清楚，因为有数据，不用数就能一眼看出每种天气有几天。"

②与统计表比较。

师："再来比较一下条形统计图和统计表，你觉得条形统计图和统计表各有什么特点？"

生："统计表能清楚地看出数量的多少，条形统计图能更直观形象地反映出数量的多少，便于比较。"

师："也就是说条形统计图能更清楚、更直观地表示数量的多少。为什么条形统计图具有这样的优点？"

生："因为它能够用直条这种图形的高低来表示数量的多少。"

师："像这种用图表示数、用数说明图、在数学上称为数形结合。数形结合是研究数学常用的一种好的学习方法。"

（5）联系实际，合理预测。

师："我们一起制作好了 2023 年 8 月的天气情况统计图，根据这张统计图，你觉得 2023 年 8 月的天气可能会怎样？"

生："2024 年 8 月也和 2023 年 8 月一样，晴或多云的天数偏多，因为它们的季节一样，天气也会差不多。"

师："2023 年 8 月的数据可以帮我们预测 2024 年同期的天气情况，看来统计还可以帮我们进行一些合理的推断。"

设计意图：通过提出"能不能想个办法，既有清楚的数据，又可以直观地比较？"这个问题，聚焦重难点，引发学生深度思考，找到在旁边标数的方法，体会纵轴标数的价值，从而自然而然地引出横轴和纵轴，同时为后续感知条形统计图数形结合的特点打下基础。通过三种表达数据方式的对比，让学生发现条形统计图的优点，既能比较数量的多少，也能清晰表示数据的多少。

（三）联系实际，感受价值

1. 统计本班同学最喜欢的体育活动

师："为了丰富同学们的课余生活，加强同学们的体育素质，学校打算举行一场趣味运动会，要求我们统计一下同学们最喜欢的体育活动。统计应该先做什么呢？"

生："收集数据。"

师："大家想用什么方法来收集数据？"

生："举手表决。"

师："谁能帮助老师完成这个任务呢？请一名同学帮忙数人数，我来记录，注意每名同学只能选择其中一项，只能举一次手。"

（学生举手表决，教师纪录。）

师："好了，数据收集完成；接下来还要对数据进行整理，把它制成条形统计图。请同学们完成学习单第2题。"

统计本班同学最喜欢的体育活动。

活动项目	跑步	跳绳	游泳	打篮球	踢足球	踢毽子
人数	3	18	10	9	5	4

把上面统计的数据用下面的条形统计图表示出来。

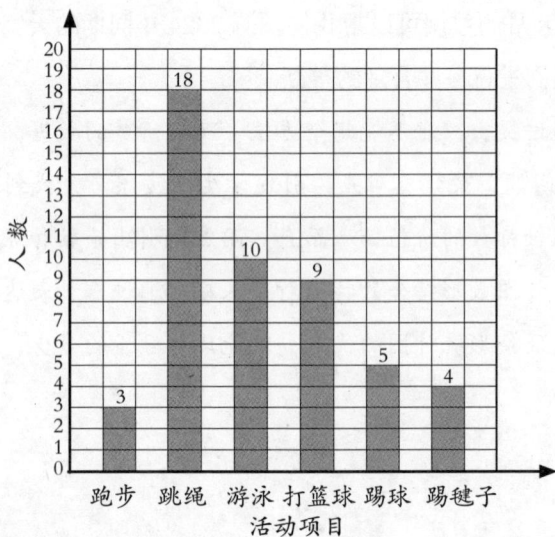

师："根据图中的信息，你能提出什么数学问题并解答呢？"

生 1："同学们最喜欢的体育活动是什么？最喜欢的是跳绳，因为它的直条最高。"

生 2："最少人喜欢的体育活动是什么？是跑步，因为它的直条最矮。"

生 3："最喜欢跳绳的人数比最喜欢打篮球的人数多多少？用跳绳的人数减打篮球的人数，列的算式是 18-9=9（人）。"

师："同学们不仅会观察，还很善于思考。老师这也有个问题，如果我们班又来一名同学，你觉得他可能最喜欢哪项活动？"

生："跳绳。"

师："为什么？"

生："因为喜欢跳绳的人最多。"

师："很好。有了这张统计图，我们可以向学校提出什么建议？"

生："根据同学们喜欢的活动设置比赛项目。"

师："那如果要统计全校同学最喜欢的体育活动，又应该怎么做呢？统计全校学生最喜欢的体育活动，还用这张统计图合适吗？"

生 1："不合适。我们班不能代表整个学校。"

生 2："我也认为不合适。学校里不只有我们班，还有其他很多班级。"

生 3："应该调查更多的班级。"

师："不错，想到了扩大统计范围！如果我们收集了全校的数据，要在这个条形统计图上表示，会有什么问题呢？"

生 1："画起来太麻烦了。"

生 2："这里根本画不下。"

师："那怎么办？"

生 3："可以用一格代表 5 人或 10 人，甚至是更多。"

师："真是太了不起了。随着统计数据量的增大，有时候用 1 格代表 1 个单位是不合适的，还可以 1 格代表 2，5，100 个等更大的单位。这是我们后面会学习到的内容，掌声送给这名有智慧的同学。"

2. 引导感悟，提炼方法

师："刚才不管是在天气情况还是在同学们最喜欢的体育活动的统计过程中，我们都先怎样做？"

生："收集数据。"

师："然后再对数据进行？"

生："整理。"

师："非常好，将整理的数据制成条形统计图，接着通过分析，知道统计图中的一些数学信息，并进行合理的预测。"

3. 联系生活，了解横向条形统计图

师："这节课我们对天气情况、最喜欢的体育活动进行了统计。同学们觉得生活中还有什么事情可以通过数据来反映，还可以统计什么？"

生 1："班里同学最喜欢的图书。"

生 2："各班级文明积分的排名。"

生 3："我在电视上看到用条形统计图统计不同城市人口的数量。"

师："看来，条形统计图在生活中应用广泛。老师这里也收集了一些条形统计图，我们一起来看一看吧！这幅条形统计图跟之前的有什么不同？"

生："这幅图的横轴用来表示数量，纵轴表示类别，与之前的条形统计图刚好相反。"

师："你的意思是横轴和纵轴表示的意思交换了位置，对吗？"

生："对。"

师："是的，像这样的统计图叫作横向条形统计图。"

设计意图：感受条形统计图在生活中的广泛应用，持续培养学生的数据意识，即通过数据可视化的表达，可以进行更好的分析，实现从数据到信息的转化，体会数据的价值与意义。

（四）总结回顾，课外延伸

1. 梳理知识

师："通过本课学习，你学会了什么？"

生1："在表示数据的时候，我们不仅可以用统计表，还可以用今天学习的条形统计图。"

生2："条形统计图是用直条的高度表示数据的。"

生3："用条形统计图表示数据更加直观，可以通过直接观察直条的高度来比较大小。"

师："同学们的收获可真不少。通过今天的学习，我们又认识了一个新朋友——条形统计图。它不仅可以帮助我们表示数据，而且用它来统计数据也更加直观。"

2. 提炼方法

师："回想一下，我们是怎样统计的？"

生："我们先收集数据，再以统计图的形式整理数据，最后对这些数据进行分析。"

师："'小数据，大作用'，让条形统计图成为我们的好朋友，探究生活中更多的数学问题。课后，请同学们选择一个感兴趣的研究内容，以4人为一个小组，展开调查，并将收集到的数据以条形统计图的形式记录下来。"

设计意图：全课回顾与小结，一方面促进学生知识结构化的形成，另一方面培养学生的元认知能力；同时通过实践性作业，激发学生的数学学习热情。

【课后思考】

小学数学生态课堂要求教师、学生、环境之间能够形成比较和谐、平衡的关系，通过师生之间、生生之间的有效互动、交流形成一个小小的生态系统。当前，构建小学数学生态课堂符合新课程改革的要求，符合学生的发展水平、学习兴趣，能够有效增加课堂互动、活跃课堂氛围，将教师与学生、学生与学生之间的距离拉近，促进课堂中学生之间、师生之间的和谐共处，不仅尊重学生在课堂中的主体地位，而且能有效提升数学课堂的教学质量、教学效率，发展学生的数学思维，促进学生的全面发展。基于此，本节课大胆放手让学生自主选择喜欢的方式表示数据，经历统计的过程，而后以问题的形式引导学生主动收集、整理、对比并分析数据，体会条形统计图的特点，逐步培养学生的数据分析观念，提高学生运用数据解决实际问题的能力。以下是我对本节课的一些思考。

第一，创设情境，营造生态课堂氛围。在生态课堂背景下，小学数学教师要善于变换教学方式，吸引学生自主互动，激发学生的互动意识，使数学教学充满情趣，为学生提供可持续发展的机会。鉴于学生的实际情况，情境教学法是不错的互动选择。教师可以构建轻松的课堂情境，将学生的注意力牢牢吸引到课堂上，在情境中向学生提问，这样不仅可以发散学生的数学思维，还有利于培养学生的探索精神，使师生互动成为一种常态。在本节课的教学中，设计了播放与条形统计图相关的生活微课视频、统计图作品，让学生描述视频、作品中涉及的相关数学知识。而后，通过"生活中还有什么事情可以通过数据来反映，还可以统计什么?"这一问题，引导学生主动将生活实际与本节课的内容联系起来。教师认真听学生的发言，并给予正确的引导，使学生沉浸在生活情境中，乐于与师互动，形成互教互学的氛围。

第二，问题引领，实施生态教学方式。在数学生态课堂中，教师应重新审视自己的教学行为，善于设计课堂提问，让学生在回答问题的时候获得思维和品质的提升，启发学生的互动意识，打造高质量的数学课堂；要细化每一个提问，做到不遗漏、不超纲；要给学生提供互动的平台，使学生获得知、情、意、行的体验，找到数学的本质。本节课的教学，通过引导学生解决生活中一些简单的问题，如"每种天气各有多少天?""你能清楚地把它们表示出来吗?"引导学生整理数据，用自己喜欢的方式表示数据，引出条形统计图。再通过对条形统计图的分析，如"从图中你能读懂哪些数学信息？""还有什么发现？""提出什么建议？"等，以问题引领的形式培养学生运用数据分析问题、解决问题的能力，从而增强学生的数据分析观念。

第三，实践体验，拓宽生态课程资源。数学教学是理论与实践的结合，如果教师一味向学生灌输理论知识，很容易让学生感到迷茫，在实际运用的时候找不到思路，出现眼高手低的现象。因此，教师要开发数学实践活动，让学生在实践中运用数学知识与自己进行良好的互动，增强数学课堂的凝聚力和向心力。在本节课的末尾，以课后实践作业的形式，鼓励学生发挥创造力、实践能力，将本节课的知识运用到生活实际，增强学生对学习数学的情感，培养学生良好的协作精神和交际能力。

第四节 "综合与实践"领域

一、"掷一掷"课例解析

【课前思考】

"掷一掷"是人教版数学五年级上册"可能性大小"内容中的一个综合实践活动，为整合这一单元的知识所设置，旨在引导学生综合运用学过的组合、统计、可能性、找规律等有关知识，探讨事件发生的可能性大小。基于学生已有的知识储备，本案例突出学生主体，重在实践探索。掷骰子是学生很喜欢的游戏，尤其是在闽南地区，中秋有"博饼"的习俗，学生对骰子的构造非常熟悉。我认为学生喜欢掷骰子的原因之一是它具有随机性，你永远不知道下一次掷出的是哪个点数。掷骰子固然热闹，但怎样让这样的活动玩出数学味才是本节课考虑的重点。史宁中教授认为，数学学习的终极目标是让学习者会用数学的眼光观察世界，会用数学的思维思考现实世界，会用数学的语言表达现实世界。基于这一理念，我认为可以通过"掷一掷"这节活动课有机渗透数学素养：在游戏的过程中逐步聚焦数学问题，让学生经历"猜想—试验—验证—概括—运用"的生态教学过程，提高学生的推理能力和数据分析能力。

【教学目标】

（1）亲身经历"观察—猜想—试验—验证—概括—运用"的过程，利用数的组成和学过的组合、统计、可能性等有关知识探讨事件发生的可能性大小。

（2）结合实际情境培养学生分析问题和解决问题的能力。

（3）通过应用和反思积累数学活动经验，感受成功的喜悦，提高学习数学的兴趣。

【教学重难点】

探索两个骰子点数之和在5，6，7，8，9居多的本质原因。

【教学准备】

骰子、课件、学习单。

【教学过程】

（一）猜谜导入，激发兴趣

师："先请你们来猜一猜：翻跟斗，最在行，长有六张脸，还有二十一只眼。"（打一物）

生："骰子。"

师："这个字读［tóu］，骰子（出示骰子），它有什么特点？"

师："掷一个骰子，掷出去面朝上的点数，会是几呢？掷出每个数的可能性一样吗？"

师："这一节课上，骰子就是我们的好朋友，看看它带给我们什么启示吧！今天就让我们一起来学习'掷一掷'。"（板书课题）

设计意图：在情境中通过交流，让学生进一步理解事件发生可能性的相关知识，为本节课探究掷两个骰子得到的点数和出现的可能性大小做好铺垫。以猜谜语的形式引入，旨在激发学生的学习兴趣。

（二）师生游戏，感知体验

1. 列一列

师："同学们，在掷骰子之前，咱们还得弄清楚一个问题：掷两个骰子，将朝上的面上的两个数相加，它们的和可能有哪几种？自己想一想、写一写，再与同桌交流。"

（学生充分讨论，教师巡视指导。）

生1："我觉得可能是2，因为两个骰子都掷的是1，和就是2。"

生2："我觉得2到12都有可能，比如说8可以是3和5相加的，11可以是5和6相加的。"

师："你的思考很认真、很全面。可能有1和13吗？14呢？为什么？"

生2："因为两颗骰子最小也必须是1和1，所以最小的和都应该是2，不可能是1。"

生3："我觉得12以上的数也都不可能，因为两颗骰子上最大的点都是6，6加6等于12，不可能有比12还大的和。"

设计意图：引导学生应用"组合"这一知识，把两个朝上数字相加的和的所有情况列出，有困难的可以用两个骰子掷一掷，确定和的11种情况，并判断出最小的和与最大的和。通过师生交流让学生明确：两个数的和是2，3，4，…，12，都是可能发生的事件，但不可能是1和比12大的数。

2. 猜一猜

师："同学们，经过刚才的讨论，我们知道掷两个骰子的'和'有11种情况。老师准备把这11种结果分成A，B两组进行比赛。A组（学生）：2，3，4，10，11，12。B组（老师）：5，6，7，8，9。你认为哪组数掷出的可能性大一些？哪组赢的可能性大？"

生1："老师，您才选5个数，我们能选6个数，我认为我们赢的可能性大。"

生2："我也同意他的看法。"

3. 试一试

师："用事实说话，让我们一起来看看。"

教师和学生代表进行掷骰子游戏，其他同学在游戏记录表中记录。

游戏记录表

游戏双方	赢的次数	合计
学生代表（2，3，4，10，11，12）		
教师（5，6，7，8，9）		

4. 议一议

师："将全班试验数据汇总，进行统计分析，你们发现了什么？"

师："哈哈，太棒了！我赢了！你们服气吗？这究竟是实力的彰显，还是运气的助力，或是别有深意呢？让我们继续试验。"

5. 验一验

师："大家再来亲自试一试，同桌两人一组，轮流掷，和是几，就在几的上面涂一格。涂满其中任意一列，游戏结束。从图中你发现了什么？同桌交流一下。"

思考：掷两个骰子，面朝上的点数和是5，6，7，8，9出现的可能性大，为什么呢？你觉得点数和出现的次数与谁有关？

设计意图：通过"小组试验数据—全班试验数据—亲自再试验—模拟较大数据"进行分析，让学生逐步感悟教师选的这组数出现的可能性大，这背后一定隐藏着奥秘，并进一步激发学生的探究欲望。

6. 探一探

师："为什么老师选的数掷出的可能性大？你觉得点数和出现的次数与谁有关？"

（学生思考。）

师："要想得到答案，还需要大家接着研究。请你们把掷两个骰子所有可能出现的和算出来，如2点是'1+1'，3点是'1+2'或者'2+1'，并写下来，再认真观察，看看你有什么发现。"

生1："我发现和是7的可以由6组数组成，因此掷出它的可能性最大。"

生2："组成某个数的组合越多，掷出这个数的可能性就越大。"

生3："我明白我们输的原因了。"

师："你明白老师总是赢的原因了吗？"

师："老师获胜的可能性大，那老师一定会获胜吗？"

（教师出示千次试验统计图，让学生观察。）

师："今天我们一共试验了三百多次，也不能代表这个试验的结果就一定准确，但是试验的次数越多，就越接近真实的规律。请看，这是试验1000次的结果，与我们试验的结果一致，获胜的概率也是B组更大。"

7. 理一理

师："从掷骰子到分析数的组合，我们发现和为5，6，7，8，9的组合共有24组，而和为2，3，4，10，11，12的组合只有12组，24组比12组多得多，出现的次数也就多，因此B组获胜的可能性就更大。同学们真了不起，会用我们学过的知识来解释可能性的大小。"

设计意图：通过学生亲自操作，比较、验证，得出结论，提高学生的学习积极性，同时培养学生的动手操作能力及分析数据得出结论的能力。

（三）联系实际，巩固运用

1. 试一试

通过探究，刚才的游戏规则是不公平的，那你能设计出一个公平的游戏规则吗？

2. 选一选

某商场搞促销活动，凡是在商场购物满368元的顾客，都可以参加掷骰子有奖活动，并根据两个骰子朝上的点数和设计了两种抽奖方案。

方案一	方案二
骰子朝上的点数和为 2 或 12，奖励一个价值 150 元的电磁炉	骰子朝上的点数和为 2 或 12，奖励一瓶价值 3 元的饮料
骰子朝上的点数和为 3 或 11，奖励一盒价值 50 元的饼干	骰子朝上的点数和为 3 或 11，奖励一袋价值 26 元的纸巾
骰子朝上的点数和为 4 或 10，奖励一袋价值 26 元的纸巾	骰子朝上的点数和为 4 或 10，奖励一盒价值 50 元的饼干
骰子朝上的点数和为 5 或 9，奖励一瓶价值 3 元的饮料	骰子朝上的点数和为 5 或 9，奖励一个价值 150 元的电磁炉

（1）如果你是顾客，你会选择哪种方案？

（2）如果你是这家商场的经理，你会选择哪种方案？

师："角度不同，选择不同。这个规则是为谁制定的，就要从谁的角度考虑设计游戏。"

（四）总结解惑，拓展延伸

师："回顾一下，这节课我们研究了什么问题？你有哪些收获？还有什么困惑？"

设计意图：引导学生再次对刚才的学习活动进行回顾，说出有些事件发生的可能性是有大有小的，并进行归纳总结，积累活动经验。

【课后思考】

生态课堂注重以生为本、问题引领、体验学习、合作探究、动手实践。本节课以核心问题"同时掷两个骰子，得到点数之和是 5，6，7，8，9 的可能性大，为什么？"为引领，让学生在问题情境中自主探究、合作学习、解决问题，既丰富了学生的经验储备，又提升了学生的推理能力，使学生的思维得到全面发展。

第一，以游戏为载体，整合学习。整节课紧紧围绕掷骰子的游戏内容，巧妙地将单元知识穿插其中。如研究骰子"和"的组成情况时运用了"组合"知识；在讨论"和"的范围时渗透了事件的确定性和可能性知识；

而在探索、比较掷出各种"和"的可能性大小时，充分复习了事件发生可能性大小的相关知识；等等。本节课有机地把新旧知识整合在一起，体现了实践活动的综合性，提高了学生综合运用知识的能力。

第二，以问题为引子，合作学习。本节课逻辑性较强，因此创设有效的问题情境显得特别重要。例如："为什么只选了 5 个'和'的反而会赢？""为什么中间数出现的次数会多一些？"等数学问题引起学生更深层次的思索。在问题引领下，通过师生互动、生生合作的自主性、探索性、研究性的学习，使学生的能动性和创造性得到有效发展。

第三，以活动为主线，全员学习。本节课充分彰显了新课标理念，让学生参与学习的全过程，体验知识的形成过程。在教学设计时，紧抓"实践"与"综合"这两个关键词，注重给学生创设一个全程参与、积极动脑的过程。设计了"列一列""猜一猜""试一试""议一议""验一验""探一探""理一理"这几个探究活动，在学习过程中注重数学与生活实际的联系，以及数学内部的知识联系与综合运用。动手试验时，从小组四人合作到同桌两人合作，提高了学习效率，让大家都有参与的机会。教师每次抛出问题特别是比较考验思维力的问题时，学生一定是先独立思考，再与同桌讨论，从而培养了其批判和质疑能力。学生全员在活动中体验，在活动中明理，在活动中提升。课堂以活动为主线，以学生为主体，把教学空间和时间交给学生，真正凸显了"生本课堂"的价值。

第四，以素养为目标，自主学习。积累数学活动经验，培养学生的应用意识和创新意识是数学课程的重要目标，应该贯穿于整个数学课程之中。"综合与实践"是实现这些目标的有效载体。通过让学生经历有目的、有设计、有步骤、有合作的实践活动，结合实际情境体验来发现问题、提出问题、分析问题、解决问题，进一步理解运用的知识和方法，了解所学知识间的联系与运用，从而获得数学活动经验。

总之，教师应努力提供机会，让学生从事主动的观察、试验、猜测、推理、交流等活动。在活动中，教师不仅要关注学生的情感态度，更应关注学生解决问题的方法和策略，鼓励学生学会总结学习方法，学会认定和寻找最佳策略。

二、"数学乐园"课例解析

【课前思考】

生态课堂不仅有助于释放师生的创造力，更好地培育学生的核心素养，而且是学校生态化转型的重要突破口。"综合与实践"是小学数学教学中的一个全新领域，其淡化学科界限，以学生的经验、社会需要和问题为核心，为学生综合应用学科知识提供了良好的途径，可以有效地培养和发展学生分析问题、解决问题和综合实践的能力。因此，在生态课堂中开展数学综合实践活动，不应拘泥于仅仅用数学知识解决生活的问题，还可以把学习研究的触角延伸到课堂以外，使学生在各个学科的学习中累积起来的综合素养得到发展。

"数学乐园"是人教版数学一年级上册根据学生所学习的数学知识和生活经验安排的综合实践活动，活动有 23 道题，涉及前 6 个单元所学的内容：数的认识（数数、数的组成、比大小、数的顺序、基数和序数意义、计算）、图形与几何中的位置和认识图形。该实践活动以学生喜闻乐见的"下棋"游戏的方式，让学生调用已学的数学知识和经验来解决所遇到的问题，感受数学与生活的联系，培养他们合作交流的能力。在数学乐园中，教师致力于打造生态课堂，让学生用游戏活动的方式来进行复习，以"介绍游戏趣导入""快乐游戏守规则""分类梳理促提升""盘点收获妙总结"四个层次来进行，让学生在充分的实践活动中体验数学学习的乐趣，深化对知识的理解与应用，积累活动经验，提升综合素养。

【教学目标】

（1）让学生参与"下棋"的游戏活动，学会调用以前的知识、经验解决生活中常见的问题，感受数学与生活的联系，培养其合作和交流能力。

（2）在游戏过程中，让学生初步感受做事要遵守规则的重要性，培养其审题意识和倾听习惯。

（3）在游戏过程中，让学生感受梳理知识的重要性，体会归纳整理知识的好处；感受数学学习的乐趣，增强学好数学的自信。

【教学重点】

用已有的知识和经验解决问题，培养学生的数学意识和良好的学习习惯。

【教学难点】

引导学生初步感受梳理知识的重要性，体会归纳整理知识的好处。

【教学准备】

（1）教具：课件、游戏图等。

（2）学具：学生用的游戏图、题卡等。

【教学过程】

（一）介绍游戏趣导入

师："同学们，你们喜欢玩游戏吗？今天就让我们走进数学乐园一起玩有趣的游戏。瞧，你都看到了什么？"（学生自由说）

设计意图：良好的课堂生态不是教师或学生的单方"独舞"，而是师生双方的互动"共舞"。游戏是学生最感兴趣的事物，因此，教师要创设游戏情境，让学生主动参与到课堂教学，在学中玩、在玩中学，在游戏中体会、发现并理解游戏中蕴含的数学知识。本节课中，教师顺应学情，做足充分的准备，制作了有趣的教具和学具，一下子就吸引住学生的注意力，从而激活了学生的思维，让他们自愿乐意地参与教学活动，以取得事半功倍的效果。

（二）快乐游戏守规则

1. 明规则

师："这就是我们今天要玩的数学棋游戏，那你觉得要玩好游戏，我们应该先知道什么？"

生："游戏规则。"

师："都有哪些游戏规则呢？我们一起来听一下。看谁听得最仔细、最认真。请同桌之间互相说一说。"

（学生讨论。）

师："谁来说一说，游戏都有哪些规则。"

生 1："我们应该先玩石头剪刀布的游戏，然后谁赢了谁先走，按 1，2，3，…，7 的顺序走？"

生 2："就是按照顺序走，不能跳着走，每个序号有很多题，选一题回答就可以了。"

生 3："答对了就停在那里，答错了后退一格。"

小结游戏规则：①两人一组做游戏；②用石头剪刀布的游戏决定谁能走；③按照序号顺序走；④走哪格答哪题，对了停在这个格，错了后退一格；⑤再猜拳，决定谁走；⑥先到终点的人获胜。

师："现在你们明白规则了吗？怎么玩？谁愿意来跟老师合作，示范一下呢？在玩的过程中，我们要注意什么？"

2. 做游戏

（1）学生两人一组做游戏。

教师巡视指导学生的合作情况、答题情况、获胜情况，并收集学生有问题的题目。

（2）汇报交流。

师："同学们玩得可真开心！请获胜的同学来说一说，你解答了哪些题目？"

教师根据学生的回答，有针对性地选取几道题目讲解。

（3）小结：在做游戏时，我们不仅要遵守游戏规则，还要认真思考。

3. 换规则

师："接着玩，这次要改变游戏规则：答过的题不再动，剩下的题目，同桌两人一组，你翻我答，我翻你答，比比看谁拿到的笑脸最多，哪个小组能合作把所有的题目都答完。"

学生再合作玩，教师巡视指导。

设计意图：俗话说："无规矩不成方圆。""规则"是游戏活动中的主轴，是游戏顺利开展的必要条件和保证。要做游戏，首先要了解规则，而且必须遵守规则，否则就不能顺利进行，即便是做最简单的游戏，也要有一个学习规则、遵守规则的过程。著名教育家叶圣陶说过："教育是什么？往简单方面说，只需一句话，就是要培养良好的习惯，良好的行为习惯主要在学校中养成。"这其实就是在强调对学生规则意识的培养。规则意识的培养，也是本节课的一个重要目标。在这个环节中，通过采用"游戏前懂规则—引导学生理清规则—板演明白规则—试玩用规则—再玩换规则—评价渗规则"，层层递进地完成对学生规则意识的培养，有效地实现了生态课堂的目标。

（三）分类梳理促提升

师："游戏中用到了哪些知识？我们在学习'整理房间'时学会了分类，你能根据它们用到的知识进行分类吗？"

（学生以小组合作的方式进行分类。）

师："你是怎么分的？请说出你的分类标准。"

生1："我们把'19-9+4=14''13-2=11''10-5-5=0''6+4=10'分为一类，因为他们都是加减法。"

师："是的，他们都是关于数的加减法计算。还能怎么分类？"

生2："如果再细分下，还可以按照加法一类、减法一类，就是按照加减法进行分类。"

生3："我们还可以按照求几个和第几个来分类……"

…………

设计意图：有效的学习就是激励学生动手实践、自主探索与合作交流。让学生在活动中学、在交流中梳理、在梳理中分类、在分类中提升。

这样的教学，有利于培养学生聆听的习惯和交流的方法，初步感受分类的数学思想，体会整理知识的好处。

（四）盘点收获妙总结

师："在今天的数学乐园中，我们玩了很多游戏，并用学过的知识解决了问题。它们都跟数的认识有关……瞧，我们把它拼成了一朵花，这是一朵智慧的小花。只要同学们留心观察，多动脑筋，就能在数学乐园里收获更多的智慧花朵。"

【课后思考】

"数学乐园"是一节综合实践课，以学生喜闻乐见的"下棋"游戏的方式，让学生调用已学的数学知识和经验来解决所遇到的问题，感受数学与生活的联系，培养其合作与交流能力。生态课堂的理念启示我们，学生的经验和活动是他们学习数学的基础。本节课根据数学新课标的基本理念，精心设计教学活动，努力改善学生的学习方式，较好地体现了数学学习是"经验""活动""思考""再创造"的特点。

第一，创设游戏情境，使活动有效。生态课堂关注个体生命价值，体现了课堂的生命关怀性。学习任务的导入要充分尊重学生的身心发展规律及其当时的状态，使学生自然、轻松、愉快地进入新的学习情境。由此，在学生与学习情境的交互作用中，触碰、唤醒与彰显学生最深处的活力与本质力量。抓住学生的心，数学也就好玩起来了。教师课前做足了充分的准备，制作了有趣的教具和学具，一下子就吸引住了学生。随着教师的一声"带你们去玩吧"，学生更是跃跃欲试。学生先是与同桌自主游戏、互相监督，然后按照规则做事，积极参与。在游戏结束后，学生对游戏中出现的问题、困惑进行共同研讨，兴趣盎然、真实有效地闯关，潜移默化地梳理和应用数学知识。

第二，渗透游戏规则，使活动有序。生态课堂注重师生互动共生，彰显了课堂的共生协同性。在实践活动中，课堂不是教师的"独舞"，而是师生之间的良好互动。让一年级的新生读懂游戏规则，初步感受做事有规则，也是本节课的一个目标。在理解规则方面，采用"游戏前懂规则—试玩明规则—再玩换规则—评价渗规则"，层层递进地完成了对学生规则意识的培养。规则，让游戏有序起来，学生能读懂题意，会静静地聆听，有思想的碰撞，有流畅的交流，使课堂充满了活力。

第三，梳理总结提升，使游戏有益。生态课堂的主要魅力在于其动态生成性。生态课堂为教学中新的可能开放了空间，其目标与过程在预设中生成、在生成中预设，为师生的创新、探索与生长提供了土壤。学习数学是一个思考的过程，有效的学习就是激励学生动手实践、自主探索与合作交流。课堂上，让学生在活动中学、在交流中梳理、在梳理中分类、在分类中提升。这样的教学，不仅有利于培养学生独立思考的习惯和自主探索的能力，而且能大大提高其合作学习的效率。最后，将梳理分类后的知识拼成一朵智慧小花，激励学生继续探究，打造属于自己的"数学花园"，激发他们的学习兴趣。

总之，生态课堂是充满生机与活力的课堂，是学生、教师和课堂整体环境彼此契合、协同创生的课堂，也是师生同生共长的乐园。

后　记

当我完成这本关于小学数学生态课堂构建的探究之作时，心中充满了感慨与期待。本书不仅是我多年来对小学数学生态课堂构建研究的总结，更是我在这一过程中获得成长与感悟的见证。回首这段时间的研究，我仿佛穿越了一片充满生机与活力的数学森林，感受生态课堂散发出的独特魅力。

在内容上，我深入探讨了小学数学生态课堂的构建理念、原则及实施策略。通过大量的实践案例分析，我试图展现一个真实、生动的小学数学生态课堂，让读者能够深入理解其内涵与价值。同时，我对当前的教育环境进行了深入剖析，提出了对小学数学生态课堂构建的展望与建议。

在研究过程中，我深刻体会到教育的复杂性与挑战性。每个学生的成长都充满了不确定性，而如何为他们创造一个既有利于知识学习又有利于个性发展的课堂环境，是我一直在思考的问题。通过不断地探索与实践，我逐渐认识到，生态课堂的构建需要我们关注每个学生的需求，尊重他们的个性差异，让他们在轻松、愉悦的氛围中自由成长。同时，我们需要关注数学教学的最新动态和趋势。只有这样，我们才能真正达到生态课堂的理想状态，让学生在数学的世界里自由翱翔。

然而，我也深知，生态课堂的构建并非一蹴而就的事情。它需要我们在教学实践中不断探索、创新和完善，需要我们持续关注学生的需求和发展。因此，我期待小学数学生态课堂的构建能够得到更多的关注与实践。我相信，随着教育改革的不断深入，生态课堂的理念将会得到更广泛的认可与应用。我确信，在未来的日子里，能够看到更多的教育工作者投入这一领域的研究与实践中，共同为学生创造一个更加美好的学习环境，共同为小学数学教育事业的发展贡献我们的智慧和力量。

　　让我们在教育的道路上携手前行，共同书写更加美好的未来！

林秋灵

2024 年 1 月